Ludwig Schneegans

Maria, Königin von Schottland - Drama in 5 Aufzügen

Ludwig Schneegans

Maria, Königin von Schottland - Drama in 5 Aufzügen

ISBN/EAN: 9783741158582

Hergestellt in Europa, USA, Kanada, Australien, Japan

Cover: Foto ©Andreas Hilbeck / pixelio.de

Manufactured and distributed by brebook publishing software (www.brebook.com)

Ludwig Schneegans

Maria, Königin von Schottland - Drama in 5 Aufzügen

Maria,

Königin von Schottland.

Drama in

von

Ludwig Schneegans.

Heidelberg.
Verlag von G. Weiß.
1868.

Dem edlen Freunde

H. S. Mosenthal

in hochachtungsvoller Ergebenheit

der Verfasser.

Maria, Königin von Schottland.

Drama in fünf Aufzügen.

Personen.

Maria Stuart, Königin von Schottland (23 Jahre).
Henry Darnley, König (21 Jahre).
James Hepburn, Graf von **Bothwell** (30 Jahre).
David **Riccio**, geheimer Sekretär der Königin (32 Jahre).
Lord Maitland **Lethington**, Staatskanzler.
James Douglas, Graf von **Morton**.
Lord Patrick **Lindsay**.
Lord William **Ruthven**.
Graf von **Lennox**, Darnley's Vater.
Graf von **Huntly**.
Sir **Randolph**, Gesandter der Königin Elisabeth von England.
John **Knox**, Vorstand der Presbyterianer.
James **Melvil**, Haushofmeister.
Hubert, Bothwell's Kammerdiener.
Hepburn, } Landstreicher.
Hay,
Ein **Herold**.
Drei **Bürger** von Edinburg.
Margarethe Douglas, Lady **Lenlevra**, frühere Geliebte des verstorbenen Königs Jakob V.
Jane Gordon, Lady **Bothwell**.
Bürger von Edinburg, Edelleute, Soldaten, Diener u. s. w.

Zeit der Handlung: 1566—1567.

Erster Aufzug.

(Saal im Schloß Holyrood, festlich geschmückt und beleuchtet: im Vordergrund rechts ein Kredenztisch, links ein Ruhbett. Der Vordergrund kann vom Hintergrund durch einen großen, nach beiden Seiten zurückgeschlagenen Vorhang getrennt werden. Tanzmusik aus einiger Entfernung; im Hintergrund bewegen sich Masken.)

Erster Auftritt.

Darnley, Lennox, Melvil (stehen rechts beim Kredenztisch). Maria, Riccio (treten aus dem Hintergrund auf das Ruhbett links zu). Lethington, Morton, Lindsay, Ruthven, Huntly, Randolph, Edelleute (folgen langsam nach).

Maria
(im Vortreten zu Riccio, ohne Darnley einen Blick zuzuwenden).
Der Graf von Angus in Verzweiflung?

Riccio.
Ja,
Weil heut kein Blick der königlichen Huld
Auf seine wachgerufne Hoffnung fiel.

Maria.
Riccio, kann ich dafür, daß Männerstolz
Vor Einem wärmern Blick die Waffen streckt
Auf Gnad und Ungnad ohne Kampfversuch?
Wer hieß ihn hoffen statt zu überlegen?

Riccio.
Ein schlauer Engel, der mich gerne neckt.

Maria.
Nicht weiter! Sprechen wir von Politik!

Riccio
(sich zu ihr hinbeugend).
Nennt sich die höchste Politik nicht Liebe?
(Er sagt ihr etwas in's Ohr; sie flüstern.)

Darnley
(der von Anfang an in der heftigsten Aufregung hinüber gestarrt hat).
Fluch und Verdammniß! immer, immer er!
(zu Lennox)
Vater, verstehst du jetzt?

Lennox.
Mit trübem Herzen
Verlass ich diese Stätte, wo einst du . . .

Darnley
(unterbrechend).
Genug! Nicht denken will ich, noch gedenken —
(er ergreift einen Kelch und trinkt ihn aus; zu Melvil)
Schenk ein!

Melvil.

Mein König...

Darnley.

Hurtig, Haushofmeister!
Schenk ein! — Dies trink ich auf die Weibertreue.
(Melvil den Kelch wieder hinhaltend.)
Schenk ein!

Melvil.

Ach, Majestät, Euer Auge glüht.

Darnley.

So hilf es löschen!

Melvil
(bitter).

Aber Majestät...

Darnley
(stampfend).

Erhieltst auch du Befehl, mich zu verhöhnen?
Schenk ein!
(Zu Lennox, während Melvil einschenkt.)
Siehst du den Ehbruch flüsternd kosen?

Lennox.

Der Stolz der Lennox brennt mir auf der Stirn —
Mein Sohn, hinweg von hier!

Darnley.

So schön — so schön! ...
O könnt ich diesen gleißnerischen Buben ....
(Er schmettert den Kelch zu Boden. Maria blickt gleichgültig auf und wendet
sich wieder ab.)

Lennox
(Darnley anfassend).

Fort!

Darnley
(zu Boden starrend).

Meine Ohnmacht kann nur Todtes tödten.
Mein Zorn ist possenhaft. Ja, Vater, fort!
(Ab mit Lennox.)

Maria
(Darnley nachblickend).

Das sind die Sitten Schottlands. (Bitter.) Und einst baut ich
Der Hoffnung Feenschloß auf ihn.

Zweiter Auftritt.

Maria. Riccio (sitzend). Lethington. Morton. Lindsay.
Ruthven. Huntly. Randolph. Melvil. Edelleute
(treten während Darnley's Abgang vor und bilden einen Halb-
kreis um die Königin). Bothwell (tritt im Hintergrund auf,
und geht langsam auf Maria zu).

Riccio.

Da kommt
Der oft Genannte.

Maria.
Bothwell?

Riccio.
Ja, Sie wissen,
Warum ich ihn zurückrief.

Maria.
Das wär also
Der Herkules, der Schottlands Ungeheuer,
John Knox und meine Lords, soll bändgen helfen?
Den so viel Frauen liebten? (Riccio nickt.) Es spricht Geist,
Entschlossner Geist aus seinen scharfen Zügen.

Riccio.
Er muß der Unsre werden.

Maria.
Nur getrost.

Riccio.
Wie jeder Andre läßt sich der nicht fesseln.

Maria.
O schweig! ihr gleicht euch Alle.

Bothwell
(sich auf ein Knie niederlassend).
Königin!
Aus der Verbannung, die einst der Regent,

Mein Feind, nun selber Flüchtling, über mich
Verhängte, ruft mich dein Gebot zurück.

Maria.

Mich freut es, Graf, die Unbill abzutragen.

Bothwell.

Vor deiner Krone königlichem Glanz
Beugt sich zum Schwur der Huldigung mein Knie,
Das, ungewohnt den Boden zu berühren,
Zu lasten strebt auf deiner Feinde Brust.

Maria.

Den Grafen Bothwell setzen wir von heut an
In Würden und Besitzthum wieder ein.
Großadmiral von Schottland, stehn Sie auf!

Bothwell
(Ihr die Hand küssend).

Dies Armband hier, berührt von meinem Athem,
Soll dir wie mir ein sprechend Zeichen sein:
Brauchst du den Mann, ein Wagniß zu vollbringen,
Wovor der Starke zaudernd sich besinnt,
Gedenke mein! und wär ich noch so fern, —
Auf Shetlands Inseln, auf des Hochlands Schnee, —
Wenn mir dein Mahnen diese Spange sendet,
Bewähren werd ich mich wie dieses Gold
Nicht minder ächt, nur härter.

Maria.

Graf, der Stolz
Steht Ihnen gut.

Bothwell.

Weil ich ihn schwer erkauft.

Maria.
Sie werden mir erzählen müssen, viel,
Von Frankreich, Ihrem Leben, Ihren Reisen
Und — Liebesabenteuern.

Bothwell.

Abenteuer,
Nicht Liebesabenteuer.

Maria.

Wie? Man spricht doch
Von manchen schönen Frauen, deren Gunst ...

Bothwell.
Gibt's Liebesabenteuer ohne Liebe?

Maria.
Erwiedert man nicht Frauengunst mit Liebe?

Bothwell.
(sich verneigend).
Das thun die Pagen und die Troubadours.
(Er tritt zurück.)

Ein Sonderling.

    Maria
    (zu Riccio).

    Riccio
    (flüsternd).

  Sir Randolph!

    Maria.

      In der That
Ein Sonderling.

    Riccio.

  Macht er Sie schon vergeßlich?

    Maria
    (sich erinnernd, laut).

Sir Randolph!

    Randolph
    (vortretend).

  Königin?

    Maria
    (lächelnd).

     Fast zürn ich Ihnen,
Wiewohl Sie hier die Majestät von England
Vertreten.

    Randolph.

  Wohl mir, daß Sie scherzen.

    Maria.

      Scherzen?

Ach! Ihr Vertrauen hab ich längst verscherzt.
Bin ich denn geizig?

Randolph.
Ich verstehe nicht ...

Maria.
Böser, Sie sammeln Geld für milde Zwecke;
Sie schicken Gaben der Barmherzigkeit
Ueber die Grenze, ja, und sprechen mich
Nicht um mein Scherflein an; verdien ich das?

Randolph.
Ein Mißverständniß ...

Maria.
Oder soll ich glauben
Was lose Zungen zischeln, daß dies Geld
Für die verbannten Lords, für die Verräther ...

Randolph.
Unmöglich!

Riccio.
Nun, so leistet Ihr Genie
Unmögliches.

Randolph
(immer verlegener).

So ward ich frech mißbraucht.

Maria.

Wie spräche meine königliche Schwester
Von England, wüßte sie — was sie nicht ahnt —,
Daß ihr Gesandter schottische Rebellen...

Randolph.

Verdammen würde sie die Frevler, die
Mich also hintergingen.

Maria.

Klug gesprochen.
Sie würde gegen jeglichen Verdacht
Protest einlegen. Darum, Sir, seht zu,
Daß fürder Niemand frechen Mißbrauch treibe
Mit Eurem arglos dienstbeflissnen Eifer!
Wer Vorschub leistet fremder Rebellion,
Deß Thron steht selbst nicht sicher vor Rebellen.
Nicht hier allein liegt Zunder angehäuft;
In England auch kann Glimmendes entbrennen...

(Randolph will sprechen.)

Sir, wie zu London meine gute Schwester,
Will ich hier Herrin sein in meinem Lande.

(Sie winkt ihm, zu gehen.)

Dritter Auftritt.

Die Vorigen. Knox (ist während der letzten Worte im Hintergrund aufgetreten und sieht sich um; er tritt langsam vor. Riccio nimmt eine Laute, die am Boden liegt, und spielt darauf, während Knox spricht, eine lustige Ritournelle; nur wenn Maria spricht, hält er inne).

Riccio
(Knox erblickend).

Gewonnen hab ich unsre Wette.

Maria.

Knox?

Riccio.

Der alte Griesgram hat uns doch gehorcht.

Knox.

Königin!

Maria
(zu Riccio).

Diesmal will ich ihn königlich empfangen.

Knox.

Königin, Ihr habt mich rufen lassen — zu ungewöhnlicher Stunde und, wie ich sehe, an einen ungewöhnlichen Ort.

Maria.

Weil, wie ich höre, Ihre heutge Predigt.

Selbst ungewöhnlicher noch klang, als sonst,
So ungewöhnlich, daß ich fragen muß,
Was Anstand heißt für Sie, Herr Reformator.

Knox.

Königin, auf meiner Kanzel bin ich mein eigener Meister nicht; ich gehorche dem höchsten Meister, der da befiehlt, nicht mit glatten Schmeichelworten, aber mit der Stimme der Wahrhaftigkeit sein Evangelium zu verkünbigen vor dem Volk.

Maria.

Herr, sie verkünden mehr als Ihres Amtes,
Und schweifen ab in's weltliche Gebiet.
Sie mögen herrschen über Ihresgleichen,
Allein im Staat... Was sind denn Sie im Staat?

Knox.

Weder Graf noch Lord, und doch, wie unwürdig Euch auch meine Person erscheinen mag, dem Rathschluß Gottes zufolge, kein unnützer Bürger im Staat. Als solchem liegt mir ob, das Land, so gut wie der Edelleute Einer, zu ermahnen; und darum, was ich geprebigt habe vor dem Volk, ich wiederhol's vor Eurer königlichen Majestät: Zehntausend siegreiche Feinde brächten diesem Reich weniger Verderben, als ein einziges Zugeständniß an Rom, denn wo Christi Kirche verdrängt wird, da pocht das Strafgericht des Allgerechten schon an die Thür.

Maria.

Geduldet hab ich Sie und Ihren Glauben.
Sie aber, Ihrer Pflicht vergessend, reizen
Durch solche Reden meine Unterthanen
Zum Ungehorsam auf, zum Hochverrath.

Knox.

Wenn derjenige, so das Volk ermahnt, Gott anzubeten im Geist und in der Wahrheit, an seinem Fürsten Hochverrath verübt, so bin ich ein solcher Hochverräther. Die ersten Christen zu Rom waren es dann auch.

Maria.

Herr! *(an sich haltend)* Diese Christen lehnten sich nicht auf.

Knox.

Gott gab ihnen dazu weder Macht noch Mittel.

Maria
(halb aufstehend).

Doch wenn der Unterthan die Macht besitzt, —
Still, Riccio! — wenn er sie besitzt, was dann?

Knox.

Dem Fürsten, dessen Augen Gott mit Blindheit schlug, dürfte man das Schwert aus der Hand nehmen;

man dürste seine Hände binden mit Ohnmacht, um
den Willen zu erfüllen des Königs der Könige.

Maria
(an sich haltend).

Gut, daß hier Niemand allzumächtig ist,
Und daß ich über Ihrem Urtheil stehe,
Sonst sollt ich wohl von meinem Throne steigen,
Und Ihnen, meinen Lords, ja meinen Bauern
Das Zepter reichen — Herr, Sie sind bei Laune.

Knox.

Nicht doch; aber die Fürsten sollten weniger bei
Laune sein, weniger Schmeichler halten, weniger singen,
weniger tanzen ...

Maria
(heftig).

Melvil, Musik da drin! ich will's — Musik!
(Melvil ab.)

Knox.

Sie sollten, wie es ihnen Gott, unser Herr und
der ihre, befiehlt, Vater- und Mutterstelle vertreten
an seiner Kirche, und sie erhalten.

Maria
(aufstehend).

Erhalten will ich sie, die Kirche Roms,
Die einzig Wahre, eurem Trotz zum Trotz! (Musik.)

Knox
(auf Riccio deutend).

Wohl dem, der nicht wandelt im Rathe der Gott=
losen, noch tritt auf den Weg der Sünder, noch sitzet
da die Spötter sitzen ...

Riccio
(lachend).

Bravo!

(Maria kämpft mit dem Zorn.)

Bothwell
(vortretend, auf sie deutend zu Knox).

Ihr seht — kein Wort mehr, oder zittre!

Knox.

Wer gerudert hat und gedarbt in Ketten und in
Schmach auf den Galeeren Frankreichs um seines Glau=
bens willen, der zittert nicht vor Menschen.

Maria
(gefaßt, lächelnd zu Bothwell).

Vereifern wir uns nicht, mein treuer Ritter!
Wer hoch steht, lerne Niedres übersehn.

(Zu Knox.)

Laßt Eure Grillen ruhig weiterzirpen!

(Bothwell die Hand reichend.)

Wir machen uns — nur Tanzmusik daraus.

(Ab. Riccio, Lethington, Huntly, Randolph und die Edelleute folgen.)

Knox
(Maria nachschauend, während die abgebrabten Herren und Damen langsam vorüberziehen).

Tanzmusik!... Ja, schöne Damen, es wäre ein schönes Leben, gar süß, kurzweilig und beneidenswerth, wenn wir nur in Gold und Seide zum Himmel eingehen könnten, wenn nur der garstige Tod nicht wäre. O pfui über die feuchte Modergrube mit ihren Maden, die euch nicht schonen werden, schöne Damen, selbst wenn eure Haut nicht mehr so zart sein sollte wie heut. Wie steht es dann um das Unsterbliche? Denkt an eure armen Seelen! (im Gehen) Sorgt für eure armen Seelen!

(Er verschwindet im Hintergrund unter den Masken.)

Vierter Auftritt.

Morton, Lindsay, Ruthven (sind geblieben), Lethington (kommt zurück), Lady Locleven (maskirt, bleibt unter dem offenen Vorhang stehen.)

Morton.
Randolph durchschaut — Was thun?
(Pause.)

Lethington
(hinzueilend).

Hofft nichts von England!
Man gibt uns auf, jetzt, da der Italiener
Die Spur entdeckt.

Lindsay
(finster).

Gott schütz euch!

Ruthven.
Gute Nacht!

Lady Locleven.

Ein Wort, ihr Herren!

Lindsay.
Keine Possen!
(Er will gehen.)

Lady Locleven.
Bleibt!
(Nach dem Hintergrund deutend.)
Wie? oder wollt ihr tanzen? — Nun so hört!
(Sie führt sie bei Seite und redet sie der Reihe nach an.)
Staatskanzler Maitland Lethington, du weißt
Vor schlechtem Wind die Segel wohl zu streichen,
Und jetzo bläst der Wind gar scharf von oben, —
Allein verschmerzest du's, ob du auch schweigst,
Daß klügre Klugheit in des Leichtsinns Maske,
Ein Riccio, pflückt, was du für dich gepflanzt? —
Graf Douglas Morton, schaff den Ehrgeiz ab!
Die Stuart lieben fremden Ehrgeiz nicht,
Und deiner kann dich nur zum Sturz geleiten,
Da er, nur Traum, nicht auflebt in der That. —
William Lord Ruthven, zieh die Falten glatt

Auf beiner Stirn, baß man bei Hof nicht glaube,
Du grolleſt noch um jene tobte Zeit,
Wo Schottlands Eble, frei wie Schottlands Berge,
Daſtanden vor dem König Könige.

Ruthven.
Was wagſt bu, Weib?

Labn Locleven.
Was jeber Spiegel wagt. —
Patrick Lord Lindſay, ber bu Heilgenbilber
In Stücke ſchlugſt, und Klöſter nieberbrannteſt,
Ein Helb bes neuen Glaubens, weißt bu nicht,
Daß Riccio . . .

Lindſay
(unterbrechenb).
Ihn im Namen Roms bekämpft?
Wenn ich's auch weiß, ich bulbe keinen Hohn.

Labn Locleven.
Ihr bulbet keinen Hohn? ſonſt aber Alles,
Was markloſ Zagen knirſchenb bulben kann:
Die Ebelſten geächtet; eure Rechte
Bebroht burch ein gekröntes Weib im Leichtſinn
Erzogen eines fremben Hofs.

Ruthven.
Fluch ihr!

Lady Locleven.

Nur Fluch?

Lethington.

Betrug wohnt hinter dieser Larve.

Wer seid Ihr?

Morton
(auf sie zutretend).

Ja, wer seid Ihr? Maske weg!

Lady Locleven.

Um eures Heiles willen keinen Lärm.
(Sie will gehen.)

Morton
(ihr die Maske wegreißend).

Erst muß ich dein Gesicht sehn, schöne Maske.

Lindsay.

Lady Locleven?

Lady Locleven
(sich stolz umschauend).

Nun?

Lindsay.

Was sucht Ihr hier?

Lady Locleven.

Was ihr nicht sucht, was Männer suchen: Rache, —
Denn ich vergesse nicht so leicht wie ihr.

Hier hab ich einst als Königin gesessen,
Hört ihr? als Königin. Da kam die Fremde,
Die mich aus König Jakob's Bett verdrängte,
Mein Kind zum Bastard machte, mich ... o Rache! —
Im Grabe liegt dies Weib, doch seine Tochter
Maria lebt, lebt herrlich und in Freuden,
Trägt König Jakob's Krone auf dem Haupt,
Und ächtet König Jakob's Sohn, mein Kind ...
Weh mir! Noch reiste die Vergeltung nicht.
Ich hoffte hier verwandten Haß zu treffen;
Umsonst hofft ich auf euch. Den Wurm im Herzen
(Die Maske wieder anlegend).
Kehr ich zurück in mein grabdüstres Schloß,
Einsam zu beten: Räch die Schuld der Eltern,
Wie du verheißen, bis in's vierte Glied!
(Die Musik hört auf).

Lethington.

Man kommt.

Lady Locleven.

   Lebt wohl! Weil euch die Waffen fehlen
Wie mir dem Weib, und ihr's ertragen könnt,
Lernt süßzufriedne Hofgesichter schneiden,
Lernt tanzen, wispern; lernt — das rath ich euch
Zumeist — den Stolz verlernen!

(Ab.)

Ruthven.

      Ha! ein Weib
Darf uns beschimpfen?

    Morton.

      Dieses Weib sprach wahr.

    Lindsay.

Zu unsrer Schande.

    Lethington.

      Vorsicht! — Kommt! ich denke,
Wir überlegen, was die Lady sprach.

Fünfter Auftritt.

Maria. Riccio.

    Maria
   (im Gespräch).

O jenes Priesters Frechheit will ich brechen,
Wie ich die Frechheit dieses Abels brach.

    Riccio.

Wir schreiben morgen an den heilgen Vater
Und an Don Philipp.

    Maria.

    Sahst du Bothwells Lady?

Riccio.

Gewiß.

Maria.

Nun, Riccio?

Riccio.

Jung wie das Vertrauen,
So zart — daß ich sie pflücken möchte.

Maria.

Pfui!

Riccio.

Schon wieder? Seht nur zu! Ich lauf euch noch
Beim Sternenschein davon, verduftend wie
Ein Liebestraum, die Laute auf dem Rücken,
Aus eurem Nebel meiner Sonne zu.

Maria.

Spottvogel, weißt du denn so ganz gewiß,
Ob mir dein Zwitschern unentbehrlich ist?

Riccio.

Der Weise grübelt sich das Jetzt nicht bang.

Sechster Auftritt.

Maria. Darnley (bleibt unschlüssig unter dem Vorhang stehen).

Maria
(für sich, ohne Darnley zu erblicken).

Auch du bist der Erflehte nicht; ich fühl's.
Ach! wer nach Einem Glück nur lechzt auf Erden,
Der wähnt's in jedem Irrlicht zu erkennen,
Bis er, verirrt, erwacht in leerer Nacht.
So such ich Liebe, suche jene Sonne,
Die Götterseelen weckt in Menschenherzen, —
Und wieder steh ich an des Sumpfes Rand,
Verlockt von einem Irrlicht. Armes Herz!

Darnley
(vortretend, leise).

Maria!

Maria
(für sich, ohne sich umzusehen).

Wer den Himmel sucht auf Erben,
Der kauft mit Schmerzen Schmerzen.

Darnley.

Höre mich!

Maria.

Es wird nicht frommen.

Darnley.

Daß wir uns sei: Wochen
Nicht ohne Zeugen sahn, daß du mich fliehst,
Das frommte nicht. Ha! was hab ich verschuldet,
Daß du mich marterst, mich zum Jammerloos
Verdammst, die Quelle aller Seligkeiten,
Die mir einst floß, zu sehn, und sehnden Auges
Dran zu verdursten? denn du liebtest mich,
Als du, die unter Fürsten wählen konnte,
Mich wähltest zum Gemahl, der Welt zum Trotz.
Du liebtest mich; noch brennen deine Küsse
Verzehrend mir im Herzen; Sternenjubel
Der süßen Nächte rast mir noch im Blut.
Du hast mich einst geliebt, und wenn du läugnest,
Die Selgen droben, die dich weinen sahen
Aufstöhnend, wonnesterbend mir im Arm,
Die Selgen, die für unsre Seligkeit
Das Glück des Himmels hingeworfen hätten,
Strafen dich Lügen.

Maria.

Weil ich es nicht läugne,
Wozu berühren, was uns beide nur
Mit Schmerz berühren kann?

Darnley.

Wozu? Wozu?
Was einst, eh ich dich kannte, jener Ritter,

Der dir aus Frankreich nachgefolgt war, litt,
Als er um dich das Blutgerüst bestieg,
Weil er erobern wollte ...

Maria
(unterbrechend).

Chastelard?
Er suchte sein Verderben; laß ihn ruhn!

Darnley.
Weil liebestoll er das erobern wollte,
Wozu dein Tändeln ihn verlockt —, die Qual
Leid ich jetzt, und du fragst, warum ich rede?

Maria.
Nicht mit Gewalt läßt sich die Liebe rauben,
Die man nicht mehr besitzt.

Darnley.
So laß auch mich
Auf dem Schaffot verbluten, weil ich's wage!

Maria
(eisig).

Um Hülfe ruf ich, wenn Sie näher treten.
Sie reden irr; Sie sind erhitzt von Wein —
Wie immer.

Darnley.
Zwing mich, zwing mich länger nicht,
Im Taumel die Vergessenheit zu suchen!

Ach! stürzt ich auch ganz Spaniens Rebenfeuer
In meine Adern, fiebern kann ich, wüthen,
Doch nicht vergessen, daß du mich geliebt.

Maria.
Weh mir, daß ich's gethan, daß ich den Irrthum
Des suchenden Gemüths für Wahrheit nahm!
Vergib mir das, und ich vergebe dir,
Daß du nicht hieltst, was mir dein Schein versprach.
Ein letzter Gruß, und laß uns friedlich scheiden!

Darnley.
Ha! wenn mein Bestes werthlos dir erscheint,
Was fesselt deine Laune?

Maria.
   Tobsucht nicht.

Darnley.
Verscheuche nur die folternden Dämonen,
Die mir das Herz entstellen, und ich lächle!
Noch schlummern unerschöpflich goldne Schätze
Der Zärtlichkeit in meiner öden Brust:
O hebe den versunk'nen Schatz! Maria,
Versuch's!

Maria.
   Zu spät; es gibt kein Auferstehn
Für todte Liebe.

Darnley.

O so gibt es doch
Ein mild Gedenken. Mußt du denn verabscheun
Was du nicht mehr vergötterst?

Maria.

Frage nicht!
Weil ich nicht anders kann, laß von mir ab!

Darnley.

So schenke mir den letzten, bittren Trost:
Du kannst nicht lieben, göttliches Phantom;
Sag mir, daß all dein Lieben Blendwerk war —
Sag, daß du Niemand lieben kannst!

Maria.

Ich lieblos —
O Männerdünkel! — weil ich dich nicht liebe?
Es wogt ein Meer im Pulsschlag dieses Herzens;
Nur wogt's nicht unter deinem Athem auf.

Darnley.

So ist's denn wahr: du bringst mich ihm zum Opfer;
Ihn liebst du, jenen herzlos hohlen Laffen,
Der lächelnd Taschenspielerkünste treibt
Mit Hochgefühlen — Riccio liebst du.

Maria.

Riccio?
Wer kann mich lesen wie ein offnes Buch?

Wer löst so leicht die Räthsel meiner Seele?
Wer von euch weiß, ob ich ihn selber kenne,
Den Zauberspruch, der mir den Frühling weckt?
Und liebt ich ihn, dürft' ein Gesetz der Erde
Dem heilgen Aufschwung wehren des Gemüths?
Die höchste Rücksicht wohnt im höchsten Streben,
Und dies mein Streben nach dem höchsten Gut
Fließt aus der reinsten Quelle meines Wesens.

Darnley.

O dann . . . !

Maria.

Ob ich ihn liebe oder nicht,
Frei will ich sein von jedes Zwanges Ketten
Und Königin auch in des Herzens Wahl.
Ich wußte ja, daß ein Gespräch nicht fromme.
Leben Sie wohl!

(Sie geht nach dem Hintergrund.)

Darnley
(sich auf das Ruhebett werfend).

Ha! könnt er dich noch lieben,
Dann trüg' ich's noch . . . !

(Er verbirgt sein Gesicht in den Kissen.)

Siebenter Auftritt.

Die Vorigen. Lethington (geht hinter dem Vorhang über die Bühne).

Maria
(Lethington anhaltend).

      Bewegen Sie den König
Nach Stirling abzureisen! Seine Nähe
Wird allzupeinlich.

Lethington.
Nach Befehl.

Maria.
      Ich traue
Ihrer Gewandtheit, Lethington.
  (Ab. Lethington schließt den Vorhang.)

Lethington
(sich Darnley nähernd).

      Mein Fürst!
  (Pause.)
Ein Wort.

Darnley
(auffahrend).

Hinweg!

Lethington.
    Die Kön'gin trägt mir auf,
Sie zu bewegen, aus dem Schloß...

Darnley
(aufspringend).

Ha! Fort?

Lethington.

Nach Stirling ...

Darnley.

Mensch, tritt mich mit Füßen! Zieh
Den Dolch! Stoß zu! Ganz recht — ich bin ja König
Von Schottland.

Lethington
(sich auf ein Knie niederlassend).

Und ich bin des Königs Knecht.
Des Königs Feinde sind auch unsre Feinde.

Darnley.

Auch eure Feinde?

Lethington
(aufstehend).

Ihre treuen Diener,
Graf Morton, Lindsay, Ruthven, bitten Sie
Um gnädiges Gehör.

Darnley.

Auch eure Feinde?

Lethington.

Geruhn Sie, mir zu folgen zu den Lords?

Darnley.

Auch eure Feinde?

Lethington.
Ja.

Darnley.
So folg ich.

Achter Auftritt.

Bothwell. Lady Bothwell. Melvil.

Melvil
(den Vorhang öffnend, während Darnley und Lethington gehen).

Hier!
Die Gäste gehn; gleich kommt die Königin.
(Ab.)

Lady Bothwell.
That ich dir wieder etwas nicht nach Wunsch?
Du zürnst mir, mein Gemahl?

Bothwell
(achselzuckend).

Dir zürn ich nicht,
Nur der Natur, die dich so schlaff geformt.
(Die Lady wendet sich traurig ab.)
Keine Empfindsamkeit!

Lady Bothwell.
Such ich dir nicht
In Allem zu gehorchen?

Bothwell.
Handelnd helfen
Wär besser.

Lady Bothwell.
Sprich! was soll ich thun?

Bothwell.
Vorerst
Die zage Menschenscheu nur überwinden;
Nicht träumen, sehn. Ich will hier Wurzel fassen,
Hier unentbehrlich werden; sei du's auch!

Lady Bothwell.
Ich will's versuchen.

Bothwell.
Mein Weib sollte sagen:
Es ist geschehn.

Neunter Auftritt.

Bothwell. Lady Bothwell. Maria. Riccio.
Huntly. Einige Edelleute.

Maria.
Ich soll noch schonend warten?

Graf Huntly, zweifeln Sie an unsrer Macht,
Am Parlament?

Huntly.

Nicht doch; das Parlament
Gehorcht schon; nur die Folgen des Erfolgs
Sind unermeßlich.

Maria
(zu Bothwell).

Graf, was meinen Sie?
(Zu Riccio.)
Du hast ihm doch erklärt?

Riccio.

Der Graf weiß Alles,
Und räth wie ich zur That.

Bothwell

Wer Kraft besitzt,
Den ersten Stoß zu führen mit Erfolg,
Dem werd ich immer rathen: triff den Feind,
Eh du dich abgeschwächt in stummem Groll;
Nur ein Mal siege, und du siegst für immer!
Denn so verächtlich ist der Menschen Sinn,
Daß der Erfolg des Augenblicks sie fesselt.
Ob Recht, ob Unrecht siegt, sie kriechen nach;
Wer aber kroch, der rafft sich nie mehr auf.

Riccio.
Die ersten Stöße haben schon getroffen.

Bothwell
So führen Sie den Letzten, Königin!

Maria.
Mich freut's, Graf Bothwell, daß Sie also sprachen.
Es bleibt dabei! Das Parlament erklärt
Die schon verbannten Lords für vogelfrei,
Und setzt die alte Kirche wieder ein:
John Knor hat mir zum letzten Mal getrotzt.
Ausrotten werd ich diese Ketzerei,
Den letzten Vorwand aller Rebellion,
Daß einmal Ordnung sei in diesem Lande.
Es ist beschlossen. — Meine werthen Herren,
Auf Wiedersehn! — Ich wünsche, Lady Bothwell,
Daß Sie mich nicht verlassen.

Lady Bothwell
(verlegen, halblaut zu Bothwell).

Soll ich bleiben?

Bothwell
(zu Maria).

Verzeihen Sie! sie ist ein Kind. Ich scheide
Beglückt durch dieses Zeichen höchster Huld.

Maria
(indem Alle abgehen, außer Riccio, Lady Bothwell und einigen Damen, für sich).

Sie gehn, und Riccio bleibt. Ich will sie brechen,

Die Fessel der Gewohnheit, morgen schon.
(Die Lady neben sich auf das Ruhbett ziehend.)
Sie dürfen stolz auf Ihren Garten sein;
Besitzt er doch, was wir am Mann verehren,
Die Kraft des Selbstvertrauens. Liebe Lady,
Sie sind recht glücklich. — Wie? Sie schweigen?

Lady Bothwell.

Glücklich?
Ich bin ein Kind — er liebt die Kinder nicht.

Maria.

Sie wollen sagen ...?
(Die Lady bedeckt sich das Gesicht.)
Wie? Sie weinen ja?
Vergeben Sie die unbedachte Frage! —
O glauben Sie, mir thut es weh zu kränken,
Wo ich nicht muß. Womit erheitr' ich wieder
Dies Antlitz, welches Gott zu Freud' und Lächeln
So lieblich schuf? ... Riccio, ein Lied!

Riccio
(die Laute nehmend, und sich auf einen Schemel zu Maria's Füßen setzend).

Wohlan! —
Den schönen Frauen! Sind doch sie die Augen,
Woraus der Schöpfung ganze Wonne blickt.
(Er singt oder declamirt zu der Ritournelle, die er schon während der Unterredung mit Knox auf der Laute gespielt hat:)
Bin das Kind der tollen Laune;
(sich zuerst gegen die Lady und dann gegen Maria verneigend)

Lieb' die Blonde wie die Braune,
Süßen Scherz und süßen Wein —
Und so pflück' ich mir vom Zaune
Jede Blume, groß wie klein.
Und so such' ich Abenteuer
Immer toller, immer neuer,
Mädchenlachen, Flötenschall,
Waldgeflüster, Wonnefeuer
Und die Schönste — überall!

Zehnter Auftritt.

Die Vorigen. Darnley (stürzt herein, gefolgt von) Morton. Lindsay. Ruthven.

Darnley.
Die suchst du heut noch in der Hölle! Greift ihn!

Riccio
(zu Maria).
Gerechtigkeit!

Darnley
(zu den Lords).
Gerechtigkeit!

Maria
(aufstehend).
Verräther
Wer ihm ein Haar krümmt! Fort, Empörer, fort!

Darnley
(Riccio anfassend).

Ha! sieh mich an, sieh diesen an, und schweige!
(Riccio kniet vor der Königin, und umfaßt ihre Kniee; die Lords treten vor.)

Maria.

Gib dich zufrieden, Thor! Den lieb ich nicht.

Lindsay
(Riccio anfassend).

Er ist verkauft an Spanien und an Rom.

Morton
(desgl.)

Mit Bothwell, Huntly, unsern schlimmsten Feinden,
Spinnt er Verrath.

Maria.

Zurück!

Ruthven
(desgl.)

Sein Rath verbannt
Die besten Lords, macht Schottlands freien Adel
Zu Sklaven.

Riccio
(fortgerissen).

Hülfe! Hülfe!

Lindsay.

Er bedroht
Den wahren Tempel des lebendgen Gottes.

Riccio
(weiner fortgerissen).

Hilf, Königin!

Maria.
Ha! wollt' ihr ihn denn morden?

Darnley
(den Weg versperrend).

So lang ich lebe, steht ihm Niemand bei.

Maria
(tritt zurück, und läßt sich auf das Ruhebett fallen. Die Lady ist um sie beschäftigt, so daß Maria von Darnley angesehen ist, welcher sich nach dem Lords umdreht. Leise zu der Lady).

Was auch geschieht — dies Armband — Ihrem Gatten!
(Sie gibt es hin.)

Darnley
(zu dem Lords).

Schnell! Schneller!

Maria
(leise).

Still! Mein letztes Hoffen — er!

Riccio
(hinter dem Vorhang verschwindend).

Maria!

Maria
(vor Darnley hintretend).

Laß nicht zwecklos Blut vergießen!
Er ist mir nichts — ich schwör's bei Gott!

Darnley.

Ihn rettet
Kein Lügen.

Maria.

Dulde nicht, daß Hochverräther
Dein Weib beschimpfen!

Darnley
(sie in seine Arme schließend).

Ja, mein Weib! Mein warst du...
Fluch! Liebesrasen! O wie bist du schön!

Morton
(hinter dem Vorhang).

Den Stoß vom König!

Maria
(sich losreißend).

Weh!

Lindsay
(hinter dem Vorhang).

Und Den!

Ruthven
(desgl.)

Und Den!

Darnley.

Mein Jammer trinkt Entzücken, und jauchzt auf!

Maria
Und Meiner flucht dir, flucht euch Allen!

Darnley
(den Vorhang aufreißend).

Sieh!
Auch für Verfluchte gibt es Himmelswonnen.

Maria.
Ich will drin schwelgen, wenn ihr Alle, Alle
So hülflos seid, wie ich jetzt hülflos bin.

Darnley.
Fort, Alle! fort! Mir rieselts durch die Seele:
Zum ersten Mal, seit Wochen — Sternenschein
Der süßen Nacht! — bin ich mit ihr allein.

(Der Vorhang fällt.)

Zweiter Aufzug.

(Marktplatz zu Edinburg: im Hintergrund der Gerichtshof, zu dessen Portal einige Stufen führen).

Erster Auftritt.

Morton. Ruthven (begegnen einander).

Ruthven.

Nichts Neues?

Morton.

Nichts.

Ruthven.

Wenn er uns doch betrog...

Morton.

Ihr zweifelt noch?

Ruthven.

Er gab sein Königswort.

Morton.

Und statt uns mit Maria zu versöhnen,
Wie er versprach, als er uns blinde Narren
Bewog, das Schloß nicht länger zu bewachen,
Entweicht er heimlich mit der Königin,
Verschließt sich mit ihr in der Feste Dunbar, —
Und Ihr könnt zweifeln, daß er uns betrog?

Ruthven.

Kann denn ein Weiberkuß auf Männerlippen
Den Zwang fortblasen des gegebnen Worts?

Morton.

Der König liebt sie. Wart Ihr niemals jung?
Sie hat geweint, gezürnt, hat den Verstand
Zu Schanden ihm gebettelt.

Ruthven.

Jung? Ich war's.
In mir strömt's jetzt noch heiß; doch alle Weiber
Der Welt im Kampf mit meiner Ritterehre, —
Bei Christi Blut! sie hätten nicht gesiegt.
Noch kann der König Frieden uns entbieten.

Morton.

Maria haßt uns, und ist frei.

Zweiter Auftritt.

Die Vorigen. Lindsay.

Lindsay.
Euch such ich.
Wißt Ihr, wohin sie gingen?

Ruthven.
Wer?

Lindsay.
Ihr auch nicht?
So sind sie fort, nach Dunbar, zu dem Hof.

Morton.
Wer? Die verbannten Lords doch nicht?

Lindsay.
Sie selbst.

Ruthven.
Unmöglich! Wir ja riefen sie zurück
Durch Riccio's Tod.

(Geräusch hinter der Bühne.)

Lindsay.
Sie ritten in der Nacht.
Auch Lethington...

Morton
(in die Coulissen deutend).

Ein Auflauf.

Lindsay.

Degen vor!

Ruthven.
Ein Herold mit dem königlichen Wappen.
(Zu Morton.)
Ein Friedensbote; seht, ich hatte Recht.

Dritter Auftritt.

Die Vorigen. Herold. Bürger.

Herold.

Maria Stuart, von Gottes Gnaden Königin von Schottland, läßt den Bürgern dieser ihrer vielgeliebten Hauptstadt Edinburg verkünden: James Douglas Graf von Morton, Patrick Lord Lindsay, William Lord Ruthven, sind der Strafe des Hochverraths verfallen mit Leib und Leben. Die bis jetzt verbannten Lords sind nach der Feste Dunbar berufen, begnadigt, wieder eingesetzt in Würden und Besitzthum. Seine Majestät der König, um jedem lügnerischen Gerücht zuvorzukommen, sagt sich feierlichst los von jedem Antheil an dem in Gegenwart der Königin verübten Mord und an der darauf erfolgten höchst frevelhaften Verhaftung der sehr edlen Person Ihrer Majestät.

Ruthven.

Lügner! Verräther!

Morton.

Ja, wir protestiren.

Lindsay.

Wir retteten dies Land und seine Rechte.

Herold.

Die Königin wird in wenigen Tagen hier einziehen an der Spitze von zehntausend Mann. Friede und Huld allen getreuen Unterthanen; die Strenge des Gesetzes über die Widerspänstigen und die Rebellen!

(Ab.)

Ruthven.

Greift zu den Waffen, Bürger! Schützt euch selbst!

Erster Bürger.

Ja, zu den Waffen!

Zweiter.

Zehntausend Mann — bedenkt euch!

Dritter.

Es lebe die Königin!

Lindsay.
Steht ein für eure Freiheit, eure Kirche!

Zweiter Bürger.
Hütet euch vor dem Galgen! Ruft: Es lebe die Königin!

Viele Bürger.
Es lebe die Königin!
(Die Einen mit dieſem Ruf, die Andern ſtill ab.)

Lindſay.
Steht, Memmen, ſteht!

Morton.
Schon droht uns ihre Furcht.
Die ganze Welt läßt uns im Stich, der König,
Die Lords ...

Ruthven.
Blut!

Morton.
Nein Vernunft! Wir sind des Todes,
Wenn wir nicht fliehn.

Lindſay.
Der König ... ha! Verräther! ...

Morton.
Nur erst zu Pferd, ihr Herren! Grollt hernach!

Es kehrt zurück, wer viel zu rächen hat;
Doch jetzt nach England mit verhängtem Zügel!

(Verwandlung: Saal in der Festung Dunbar.)

Vierter Auftritt.

Maria (an der Hand geführt von) Darnley. Bothwell.
Edelleute.

Maria.

Wir brechen auf, sobald mit seinen Truppen
Graf Huntly zu uns stößt. Dem Grafen Bothwell,
Dem Retter in der Noth, dem ersten Freund,
Der Uns entgegeneilte, übertragen
Wir das Kommando über Unser Heer. —
Auf ein paar Worte, mein Gemahl!

(Bothwell und die Edelleute ab.)

Darnley.

     Ein Wunsch?
O sprich!

Maria.

  Nur eine Frage. Hand in Hand
Botst du in jener Schreckensnacht Versöhnung
Deiner Gefangnen.

Darnley.

    O mir schmolz das Herz
Beim Flehen deiner Noth.

Maria.

Und Hand in Hand
Entflohen wir aus Holyrood: — Sprich! Denkst du
So ewig hinzuwandeln Hand in Hand?

Darnley.

Du zweifelst?

Maria
(sich aufrichtend).

Ich bin frei, Mylord. Wir weilten
Zum letzten Mal heut unter Einem Dach.

Darnley
(rauscht).

Maria!

Maria.

Nicht Maria; Königin.
Die Nothwehr wand sich los aus deinen Schlingen.

Darnley.

Ich kann's nicht fassen.

Maria.

Doch Sie müssen's fassen,
Denn heut stehn Ihrer Wuth nicht Mörder bei,
Mich zu beschimpfen mit entblößtem Schwert.

Darnley.

O das ist mehr als Rache, denn für dich

Betrog ich die Verschwornen, brach mein Wort,
Lud Hohn und Fluch auf mich und Selbstverdammung;
Dir, dir hab ich geschlachtet meine Ehre,
Dich zu befreien.

Maria.

Ja, das thatest du.
So wisse! nur abscheulich schienst du mir,
Da du mit blutgen Händen der Gewalt
Mich überfielst, doch jetzt, nachdem der Mörder
Zum Lügner, zum Verräther ward sogar
An seinen Freunden, jetzt veracht ich dich.

Darnley.

So schmähst du dich in deinem eignen Werk!
Ich habe nie gemordet und verrathen,
Eh ich dich liebte. Was verstieß mich nicht
Dein erstes Wort, da liebend ich dir nahte?
Was thatst du's nicht, aus Mitleid, vor dem Tag,
Wo ich vom Gifte nicht mehr lassen konnte,
Womit du mir mein Männerblut zersetzt?
Ihr könntet Helden, Götter aus uns machen,
Allein euch freut's nur, wenn ihr schnöde Narren
Aus uns gemacht habt.

Maria.

Dich, nicht mich klag an!
Wir können lieben, ewig, überschwänglich;

Der aber nur, der, Mann vom Kopf zu Fuß,
Zum Narren sich nicht läßt erniedrigen,
Nur der ist würdig, daß ein Weib ihn liebt.
Hinweg!

    Darnley.
  Zerfleische mir das Herz, doch ewig
Hör, hör im Geist das Stöhnen deines Opfers,
Und sieh ... Ich Narr! Du wirst die Stirn nicht
        falten,
Auch wenn du weißt, daß neben dir ein Mensch
Verblutet an dem Stachel deiner Laune.

    Maria.
Du gehst zu Grund an deinem eignen Fluch.
Zieh hin!

    Darnley.
 Maria!

    Maria.
  Hin für immer!

    Darnley.
       Höre!
Des Wahnsinns Wirbel kreist mir durch die Adern.
Ich kann nicht athmen ohne dich. Den Fluch
Des Selbstmords lad ich auf mein Haupt, auf Deins;
Bestehst du drauf, daß ich mir diesen Dolch ...?

Maria.
Nicht mein Gewissen würden Sie belasten.

Darnley
(den Dolch fortschleudernd).
So will ich leben, leben bis zum Tag
Der Sühne, bis zum Tag, wo deine Liebe
Vor der Verachtung eines Manns verzweifelt,
Und sich vergebens winselnd krümmt im Staub.

Maria.
Mit Bothwell drohn Sie mir? Wer darf behaupten...?

Darnley
(unterbrechend).
Dann, wenn sie Marter litt wie ich, dann, Himmel,
Du taube Decke dieser Folterkammer,
Stürz ein! zerbrich, begrabe Schuld und Schmerz!

Fünfter Auftritt.

Maria. Lady Bothwell (reisefertig).

Maria
(da sich die Lady wieder entfernen will).
Sie stören nicht, Mylady; ich bin frei.

Lady Bothwell.
In meinem Namen hat Sie mein Gemahl
Für mich um Urlaub.

Maria.

Und Sie kommen, Abschied
Von mir zu nehmen? Sie verlassen mich
So plötzlich — Fast muß ich besorgen, daß Sie
Mir gram sind?

Lady Bothwell.

Ich, die Sie durch Dank und Liebe
An Ihre königliche Huld gefesselt?
Sie nahmen ja mein armes schlichtes Herz
Mild nachsichtsvoll in seiner Einfalt hin ...

Maria.
Und darum fliehn Sie mich?

Lady Bothwell.

Ich flehe nochmals
Um Nachsicht.

Maria.

Fliehn den Gatten, Ungetreue?
Was soll das?

Lady Bothwell.
Schonung!

Maria.

Ein Geheimniß drückt Sie
Zu Boden; Ihr aufrichtiges Gemüth

Weint laut hervor aus der Verstellung Falten.
Nicht Heimweh drängt Sie fort zu Ihren Bergen,
Nicht Krankheit — Kind, Sie lernten nicht die Kunst,
Den Gram zu überlächeln.

Lady Bothwell.

Ach! ich kann
Selbst Das nicht.

Maria
(ihre Hand ergreifend).

Fassen Sie Vertrauen!

Lady Bothwell.

Er,
Er selber! . . .

(Sie hält schluchzend inne.)

Maria.

Ihr Gemahl?

Lady Bothwell.

Ich Jammerreiche!
Er, der dem Mädchen wie ein Gott erschien,
Als meine Eltern . . . er verachtet mich;
Ihn kränkt mein zaghaft Wesen; schwindelnd nur
Kann mein beschränkter Geist dem kühnen Flug
Des Seinen nachsehn; ich mißfall ihm schon
Aus Furcht, ihm zu mißfallen, bin ihm nur
Die Last, die nutzlos seinen Schritt beschwert.

Maria.
Er also wünscht, daß Sie den Hof verlassen?

Lady Bothwell.
Nicht murren darf ich, aber ich muß weinen.

Maria.
Er selber? ...

Lady Bothwell.
Still! Verrathen Sie mich nicht!

Sechster Auftritt.

Die Vorigen. Bothwell.

Bothwell.
Die Pferde sind gesattelt.

Maria.
Wie? schon heut
Entführen Sie mir meine liebe Lady,
Sie Böser?

Bothwell.
Zürnen Sie ihr nicht!

Maria.
Wer kann ihr
Denn zürnen?

Lady Bothwell
(ihr die Hand küssend).

Majestät …

Maria
(sie auf die Stirn küssend).

Ich möchte Frühling
Auf diese bleichen Rosen hauchen können.
Auf Wiedersehn!
(Bothwell mit der Lady ab. Pause.)

Er schickt sie fort. — So war denn
Sein kalter Blick nur seines Fühlens Maske;
Er liebt mich doch! — Und ich, warum empfind ich
Etwas wie Selbstgenuß des Ueberwindens? —
Wer so sich meistert, kann vielleicht erfassen
Was diese Brust an Gluth und Tiefe faßt.
Er liebt mich nicht wie Alle. Halt ich endlich
Das stets gesuchte, nie gefundne Glück?
(An's Fenster tretend.)
Ich will ihn prüfen. — Ha! sie steigt zu Pferd …
Wie arglos schloß sie mir ihr Innres auf!
Du liebst ihn heiß, du kindlich fromme Seele.
Darf ich …? Die Sporen in dein Roß, du Bleiche!
Dir raub ich nichts, denn niemals war er dein.
Hinweg, du eitler Vorwurf! kennen muß ich
Sein dunkles Herz — und wenn das Ihre bräche,
Ich trüge keine Schuld: was wagt dies Kind

Wandeln zu wollen an des Helden Seite?
Verzichte, Lady Bothwell! Meiner Hoffnung
Ist er verfallen.

Siebenter Auftritt.

Maria. Bothwell. Melvil.

Melvil.
Mylord Lethington!

Maria.
Er warte, bis Graf Bothwell geht.
(Melvil ab.)

Bothwell.
Zurück
Zu unsrem Kriegsplan!

Maria.
Wie? So schnell vergessen
Sie Ihre Lady?

Bothwell.
Was die That nicht fördert
Läßt man bei Seite, wenn's zu handeln gilt.

Maria.
Bei Seite, was man liebt?

Bothwell.
Ja.

Maria
(mit Absicht).
Was man liebt?

(Pause.)

Bothwell.
Jetzt weiß ich, was mein Weib zu Ihnen sprach.
Geschwätzig ist die Schwachheit.

Maria.
Weil sie schweigend
Nicht sprechen kann durch Thaten wie die Kraft.

Bothwell.
Die Lady hat mich winselnd angeklagt —
Gut; hören Sie auch mich! Zwar bin ich nicht
Der Sklaven Einer, die dem Urtheil Aller
Mit feig besorgtem Blick entgegenspähn,
Und ihren angebornen Leib in Flittern
Der hergebrachten Tugendhelden=Tracht
Einzwängen, denn mich dünkt es Selbstbeschimpfung,
Sein wahres Antlitz nicht zur Schau zu tragen,
Ob blatternarbig oder spiegelglatt; —
Doch möcht ich auch nicht für den Wüthrich gelten,
Der, zwecklos grausam, Kinderseelen peinigt.
Nicht Uebermuth, Vernunft bestimmt mein Thun.

Mag jetzt Ihr Urtheil tadeln oder nicht,
Dies hatt ich meiner Königin zu sagen.

Maria.

Ich, eines Darnley Gattin, soll Sie tadeln,
Weil Sie was schon Natur getrennt hat trennen?
O glauben Sie! Mit Scham und mit Entsetzen
Erfuhr auch ich, daß Unversöhnliches,
Vereint, sich aufreibt. Ich Sie tadeln, Graf?
Vielleicht errath ich, was Ihr tiefverschlossnes
Gemüth verbirgt.

Bothwell.

  Wohl forderts andre Speise,
Als Kindertand aus meines Weibes Mund,
Denn hinter meinem Rücken liegt schon längst
Die Welt der Thorheit und der Hoffnungsschauer,
Worin sie ohne Ausgang sinnlos schwärmt.
Zu tief schon wurzl' ich in dem wahren Leben,
Um was mir noch an Freuden werden kann
In dem beschränkten Kreise zweier Arme
Zu suchen — nein.

Maria.

  Und wenn ich, wenn ich Ihnen
Nicht vollen Glauben schenkte?

Bothwell.

  Königin ...

*

Maria.

Wenn ich gewissen Damen hinterbrächte,
Was Sie gesagt? Der schönen Gräfin Angus
Zum Beispiel?

Bothwell.
Thun Sie das!

Maria.
Seht nur den Trotz!

Bothwell
(lachend).

Aufrichtigkeit.

Maria.

Nun gut. Die Lady Bothwell
Verreist, aus freien Stücken — Wanderlust;
Sie reist gar plötzlich — Laune; reist allein —
Vertrauen; weiß sie doch, daß ihr Gemahl
Ein andres Weib nicht lieben kann, als sie.
Was grübelt man, warum die Lady reist?

Bothwell.
Sie glauben, daß ich eine Andre liebe?

Maria.
Nicht doch; Graf Bothwell hat ja nie geliebt;
Graf Bothwell ist ein Fels.

Bothwell.

   Er hat geliebt, —
Vor vielen Jahren. Sie war schön, ja schön
Wie Sie; das wilde Heimweh meiner Jugend
Schwoll an vor ihr zum schrankenlosen Meer,
Und schlug mir brandend überm Haupt zusammen...
Ich hatt' auch einen Freund; ich sah ja Freunde
In allen Menschen, damals — doch genug!

Maria.

Nein, sprechen Sie! Ich kann Sie ja verstehn.

Bothwell.

In einer Nacht — es lacht der Höllenmärchen
Wer ein Mal eine solche Nacht durchwacht —
Da blickt ich meiner Thorheit auf den Grund,
Und schwur mir, der zu werden, der ich bin.
Ich warf sie hin, die Schlacken ausgebrannter
Gefühle, und nur Eisen blieb zurück.

Maria.

Ich ahnte wohl...

Bothwell.

   Kein Mitleid! ich genas.

Maria
(lächelnd).

Und werden nie mehr lieben?

Bothwell
Nie.

Maria.
Sie sagen,
Ihr Herz sei todt? Unsterblich ist das Herz
Im Suchen nach der heilgen Ruhestatt.

Bothwell.
Schweigen wir davon, Königin!

Maria.
Ihr Schweigen,
Dies Schweigen gibt mir Recht.

Bothwell.
Ich schweige nur,
Weil ich nicht kränken will.

Maria.
Vertrauen Sie!

Bothwell.
Ich werde nie mehr lieben, weil ... Genug!
Brechen wir ab!

Maria.
Sie lieben!

Bothwell
(mit größter Ruhe).
Nein; ich kenne

Die Weiber: Kinder oder Ungeheuer
Aus Leichtsinn boshaft und aus Bosheit leicht,
Des Edlen überlegenes Vertrauen
Mißachtend, vom Gemeinen gleich umstrickt,
Im Haschen gierig, grausam im Besitz,
Bereit, mit übersinnlich reinem Lächeln,
Der selbstgefällgen Eitelkeit zur Lust,
Jeden zu foltern, der sie nicht verachtet ...

(Maria will sprechen.)

Selbst in den Besten lauern diese Teufel,
Und wenn verborgen unter Schönheit, Geist
Und Sittsamkeit, um so verderblicher
Dem unbefangnen Träumer. Und ich sollte
Mit offnen Augen und erfahrnem Sinn
Durch eigne Schwächen mich des Weibes Schwächen
Preisgeben? Wer sich nicht mit Vorsatz täuscht,
Wer jeden Wahn entschlossen lobgespottet,
Den narrt ein Trugbild ein Mal und nicht wieder. —

(Sich verneigend.)

Ich sprach zu Schottlands König.

Maria.

Allerdings. —
Doch wenn Sie irrten, wenn ein Weib, sich über
Den schwarzen Umkreis Ihres düstern Blicks
Erhebend, Ihre Weltweisheit beschämte?

Bothwell.
Dann ist sie Mutter, und ist nicht mehr schön.

Maria.
Und wär sie schön, und könnte dennoch lieben
Bis in den Tod?

Bothwell.
Mein Glaube ging dahin.

Maria.
Doch wenn ein solches Weib ...

Bothwell
(unterbrechend).

Wenn ich sie fände,
Die Göttin, sanft und herrlich, opfergroß, —
Ich wäre Mann genug, mich aufzuraffen,
Und hohen Haupts auch diesen Trug zu fliehn.

Maria
(heftig).
So gehn Sie denn, Herr Graf! Sie sind entlassen.
(Bothwell mit tiefer Verbeugung ab; Maria macht eine Bewegung, als wolle
sie ihn zurückrufen, hält aber wieder inne.)
Verhöhnt, zurückgestoßen, durch Gewißheit
Getäuscht — Ich ließ mich gehn; er spottet meiner;
Er triumphirt. Ja, du kannst triumphiren:
Du bist der Erste, der mir widerstand.
Was sah ich nicht, gleich auf den ersten Blick ...?

Ist das der Starke nicht, der Selbstbewußte,
Den ich gesucht? Straft mich der eigne Wunsch?...
Auch ich bin stark! — Wie herrlich müßt es sein,
Solch stolzes nie bezwungnes Herz zu zwingen —
Ein wechselseitig Finden und Erkennen —
O der Abscheuliche!... der Herrliche!
Wie stand ich da vor seinem kalten Ernst ...

Achter Auftritt.

Maria. Lethington.

Lethington.

Erhabne Königin!

Maria
(auffahrend).

Sie hier?

Lethington.

Ich komme,
Aus Ihrem Geiste den Verdacht zu tilgen ...

Maria
(ungeduldig).

Später!

Lethington.

Nein jetzt. Ich kanns nicht länger tragen.

Geruhen Sie, ein gnädiges Gehör
Mir nur auf einen Augenblick zu schenken!

Maria
(zerstreut, sich setzend).

Sprechen Sie, aber rasch!

Lethington.

Ich hätte Theil
An Riccio's Tod? War ich dabei...? O wär ich
Dabeigewesen, um zu Ihren Füßen
Für Sie zu sterben! Während die Verschwörung
Zur Schandthat schritt, bewog ich ja den König,
Nach Stirling abzureisen. Er versprach's.

Maria
(abwesend, vor sich hin).

Ging's denn so tief? Unmöglich...

Lethington.

Er versprach's,
Nur um in mir den letzten treuen Diener
Heimtückisch zu entfernen, denn schon längst
Beschlossen war der Plan. Wer ahnte?... Weh mir,
Daß ich mich täuschen ließ!

Maria
(die nur die letzten Worte gehört, für sich).

O Täuschung reizt,
Schmerzt ganz unsäglich.

Lethington.

Dank für dieses Mitleid!
Sie wissen ja, wer, um die eigne Schuld
Von sich zu wälzen, mich verleumdete:
Der König, Ihr Gemahl.

Maria.

Gemahl — (fast schreiend) Gemahl!
(für sich.)
Mir flammt ein Licht auf! — Der Verhaßte! immer
In meinem Weg. (Zu Lethington) Er ist doch fort, weit fort?

Lethington.
Im Fieber der Verzweiflung.

Maria.

Aber immer,
Sogar am End der Welt, noch mein Gemahl!

Lethington.
Ich fürchte, Ihre Majestät zu stören:
Sie scheinen schmerzlich aufgeregt.

Maria
(ihn unterbrechend).

Lord Kanzler!

Lethington
(zurückkommend).

O Sie beglücken mich.

Maria.

Des Königs Gattin
Kann ich nicht länger bleiben. Leiten Sie
Die Scheidung ein!

Lethington.

Worauf soll ich mich gründen?

Maria.

Nun, auf den Mord.

Lethington.

Um Ihrer Ehre willen,
Rütteln wir nicht den Staub der Gräber auf!

Maria.

Sie haben Recht. So gründen Sie den Antrag
Auf Blutsverwandtschaft!

Lethington.

Selber hob der Papst
Die Wirkung dieser Blutsverwandtschaft auf,
Da er in Ihre Heirath willigte.
Auch gilts, die Rechte Ihres Sohns, des Prinzen.

Maria.

So greifen Sie zu einem andern Mittel!
Es muß geschehn, es muß, und unverzüglich!
Ich kann nicht warten, wenn der Vorsatz drängt.
Ich will es Ihnen lohnen königlich.

(Kurze Pause.)

Lethington.
Darf ich mit Bothwell mich besprechen?

Maria.

Bothwell?...
(Rasch.)
Nein; schicken Sie ihn her!

Lethington
(im Gehen).

Sofort.

Maria.

Nein — Doch! —
Nein, Lethington; ich bin ... Nun ja, er komme!
(Lethington ab.)
Was that ich? Uebereilung, Wahnsinn! Ich,
Die Schwergekränkte, biet ihm selber Frieden —
Ach! es kam weit ... Doch warten, bis er reuig
Zurückkehrt — er zurück?... Soll ich denn jetzt schon
Entsagen?... Großer Gott, wo bin ich denn?
Ha, Darnley! sollte sich dein Fluch erfüllen?
Nein, nein! noch ist es Zeit: empor den Stolz!
Des Schweigens Leichenstein auf's Grab des Herzens! —
Doch weh mir! kann ich's noch?... Und wenn ich's
kann,
Ich Aermste, bin ich nicht in seiner Macht?
Mir darf sein Blick zuhöhnen überall:
Du warbst verschmäht ... Ich seh ein neues Licht

Aufdämmern über meiner leeren Nacht,
Und ich, ich strebte nicht dem Morgen zu?
Herz, Stolz und Glück und Ehre — es gilt Alles.
Ich muß ihn halten, wenn ich athmen will —
Ich muß! O werd ich's können? Furcht ergreift mich
Fast süß und doch entsetzlich.

Neunter Auftritt.

Maria. Bothwell.

Bothwell.
Sie befehlen?

Maria.
Was ich befehle, Graf? Mir zu verzeihen,
Wenn ich Sie vorhin kränkte.

Bothwell.
Besser wär's,
Sie hätten mich zum Reden nicht gezwungen;
Ich wußte wohl, daß keine Frau auf Erden
Sich nicht gekränkt fühlt, wenn ein Mann es wagt,
Kein Scherflein ihrer Eitelkeit zu spenden.

Maria.
Empörend!

Bothwell.
Wenn Sie meine Gegenwart
Aufs Neue kränkt, bitt ich um Urlaub.

Maria
(mit abgewandtem Gesicht).

Schön.

(Bothwell will gehen.)

Graf, nehmen Sie mich denn so gern beim Wort?
Vergessen Sie so gern, daß Ich nach Schottland
Zurück Sie rief?

Bothwell
(wieder vortretend).

Undank? Ich will mein Haupt
Dem Beil entgegentragen, wenn ich ein Mal
Nur gegen Schottlands Königin gefehlt,
Wenn ich nur ein Mal mich nicht ächt bewährte
Wie diese Spange hier an Ihrem Arm.

Maria.
Wer klagt Sie an? Sie wissen gar zu klug
In mir die Königin vom Weib zu trennen;
Ich kann es nicht, und darum wünsch ich auch,
Daß Sie in mir das Weib nicht mißverstehn.
Gerade weil Sie siegreich ragen, stark
In unerschütterlicher Manneswürde,
Kränkt, schmerzt es mich, daß Sie mich eitel nennen.
Nicht Eitelkeit warf mich in Darnley's Arm;

Nicht Bosheit stößt ihn fort: Ich kam aus Frankreich,
Aus einem Eden in dies rohe Land.
Nur Liebesscherz hatt ich gekannt, nicht Liebe;
Mein einsam Herz, es überströmte harrend
In wunderseliger Beklommenheit —
Da sah ich Darnley. Nur gewohnt an's Tändeln
Der Laune, wehte seine Liebe mich
Wie frische Bergluft an ... Das Trugbild schwand,
Und blutend eilt ich neuem Trug entgegen.
Ich bin nicht, die ich scheine; Sie erblickten
Den Schatten nur, den meine Seele wirft,
Denn drängen Ihre Blicke tiefer ein
In's innre Heiligthum, deß goldne Pforten
Ein hämisch Loos mir immer zugedrückt,
Sie sprächen nicht von Urlaub und Entlassung;
Sie wüßten, daß sich suchend diese Hand
Ausstreckt nach einer Freundeshand. Ach! schmerzlich
Erfuhr ich durch die mordende Gewalt,
Die man mir angethan, daß jener Glaube,
Ich könn' allein, mir selbst genug, das Zepter
Allmächtig schwingen über diesem Land,
Ein Weiberwahn gewesen. Um der Lords,
Um jenes Priesters Uebermuth zu beugen,
Um nie vor meinem Gatten mehr zu zittern,
Um zu erfüllen, was ich mir vor Gott,
Und wagt ich Thron und Ruh, zu thun gelobt,
Brauch ich den Beistand einer äußern Kraft,

Den Beistand eines Mannes, dem die Mannheit
Im tiefsten Marke wurzelt, eines Mannes
So eisern und so felsenfest wie Sie.

Bothwell.

Mein Arm stand Ihnen immer zu Gebot.
Mein Arm darf Ihnen dienen, Königin.

Maria.

Grausamer, nur der Arm und nicht das Herz?
O Fluch des Schicksals! Die ich hasse, heften
Drängend, verfolgend sich an meine Fersen;
Der wahren, ew'gen Liebe opfr' ich Darnley
Und Riccio; opfern würd ich ihr ein All —
Und wenn sie aufglüht, wenn zum ersten Mal
Mein Stolz zusammensinkt, und aus den Trümmern
Das Wort sich Bahn bricht, das mein Selbst enthüllt,
Hörst du ... Ja lächeln Sie! Ich kann nicht warten
Und schweigen. Lächeln Sie, daß mein Gefühl
Mich wirbelnd fortreißt, wie der Sturm das Blatt!
Gehn Sie! ich will allein sein, will allein
Erröthen.

Bothwell.

Wär ich um zehn Jahre jünger,
Ich läge jubelnd schon zu Ihren Füßen —
Und jetzt sogar gesteh ich, daß mein Blut
Um Vieles rascher fließt —, allein ich weiß

Zu wohl, was den erwartet, dessen Knie
Sich biegt, und dessen Zunge sich vergißt.

    Maria.

Ja, weh mir, daß die Meine sich vergaß!
Sie wecken zur Besinnung meinen Stolz.
Schwören Sie mir beim Sakrament, zu schweigen —
Und wir begraben diesen Tag in Nichts.
Sie schwören?

    Bothwell.
  Nein.

    Maria.
    Sie wollen mein Verderben?

    Bothwell.

Nur meine Freiheit.

    Maria.
    Ich kann dich verderben,
Entsetzlicher, und wills.

    Bothwell.
    Versuchen Sie's!

    Maria
  (thut einige Schritte, weich).

Sie wissen nicht, welch Herz Sie brechen: Tag nicht,
Nur Dämmrung war, was es bis heut empfand;

Jetzt lebt es auf in heller Mittagsgluth;
Jetzt flammt die wahre Sonne, unerschöpflich
Genug, die Ewigkeit mit Glanz zu füllen —
Graf Bothwell, meine Schmerzen auf Ihr Haupt!

Bothwell

Umsonst lockt Ihre Schönheit. Soll ich glauben,
Daß Launen ewig flackern? Meiner soll,
Und müßt ich Herzen brechen, Niemand spotten.
Ich soll das Schicksal eines Darnley theilen?
Ich fühle nichts vom Märtyrer in mir.

Maria.

Grausamer, ihn, der mich verrieth, beschimpfte,
Ihn liebt ich nicht.

Bothwell.

   Doch ihm die Hand zu reichen,
Trotzten Sie einst der Welt.

Maria.

    So ahnt ich wahr?
Er, er steht zwischen uns!

Bothwell.

    Denn ich bin Bothwell,
Nicht Riccio.

Maria.

Sprich! auch wenn ich ihn aus Schottland
verbanne?

Bothwell.
Bis die That Sie reut.

Maria.
Auch wenn ich
Die letzte Fessel sprenge dieser Ehe,
Kleingläubiger?

Bothwell.
Das können Sie nicht thun.

Maria.
Und kann ich Alles, Herrlicher, für dich?
(Trompeten hinter der Bühne.)

Bothwell.
Dann könnt ich glauben, daß ich glauben kann.

Maria.
Ich danke dir!

Zehnter Auftritt.

Die Vorigen. Lethington. Edelleute.

Lethington.
Graf Huntly mit den Seinen.

Maria.

Auf denn nach Edinburg, und zehnmal Weh
Den Hochverräthern! Meiner Väter Werk,
Die Unterwerfung Aller Einem Willen,
Wird heut vollendet. Edle Lords, zu Pferd!

(Ab mit Lethington und den Lords.)

Bothwell
(nach einigen Gängen durch das Zimmer).

Herr über Schottland! König meiner Worte
Und Thaten — frei von jedem Zwang der Welt —
Das wär ein Ziel! ... nicht um des Prunkes willen,
Nicht für den Schein, der einen Thron umgleißt;
Nur um der Kleinheit dieser schnöden Welt,
Der kriechend herrschbegierigen, zu trotzen. —
Mit jenen Menschen nicht mehr rechnen müssen,
Die mich verachten möchten, weil ich nicht
Nach der Schablone ausfiel, deren Mißgunst
Mir lächelnd Schlingen legt — das höchste Ziel,
Denn nur auf Höhen steht man völlig frei:
Ich obenan und unter mir die Heerde. —
Dies Weib ist schön ...

Elfter Auftritt.

Bothwell. Lethington (ist zurückgekommen und klopft Bothwell auf die Schulter).

Lethington.

Graf, ich errathe Manches.
Ich bin Ihr Freund. Zu Zweien geht sich's sichrer.

Bothwell
(stolz, über die Schulter).

Sie dürften Ihren Vortheil dabei finden.

Lethington.

Trauen Sie mir!

Bothwell

Drum kann ich Ihnen trauen.
Doch davon später.

(Er wendet sich zum Gehen.)

Lethington
(folgend).

Lieber Graf, Sie sollen,
Versteh ich recht, mit mir zufrieden sein.

(Der Vorhang fällt.)

Dritter Aufzug.

(Park zu Kirk of Field: im Vordergrund links der Eingang zu einem Gartenpavillon. Mondnacht.)

Erster Auftritt.

Darnley. Lennox. Diener (mit Fackeln, aus dem Hintergrund, links).

Darnley
(nach rechts deutend).

Das ist der Landsitz, wo sie mich erwartet.
Ich soll ihn, schrieb sie, ganz allein betreten.
Vater, lebwohl!

Lennox.

Nur ungern lass ich dich;
Vom schlimmen Fieber bist du noch erschöpft.

Darnley.

Ach! einsam mit des eignen Hirns Gespenstern
Zu hausen, ist entsetzlich. Glück lehrt segnen,

Allein der Mund, der stets umsonst gefleht,
Kennt nur des Fluches Gift.

Lennox
(zärtlich).

Mein Sohn...

Darnley
(lächelnd).

Getrost!
Des Trübsinns letzte Wellen sind es nur,
Die sich auf meinen Lippen brechen. Jetzt
Bin ich nicht jener finstre Darnley mehr,
Der, krank und unstet, sich und andre quälte.
Das Glück macht gut. Sieh her! Genesung lispelt
Aus jedem Busch; hier ist's, als ginge man
Auf Traumesschwingen schon zum Himmel ein.
Und drüben harrt Maria, sie mein Athem,
Mein Licht, mein Alles: ihre schwarzen Augen,
Die traumverschwommenen, sie sehn mich an,
Und all mein Sein lebt auf im tiefgeheimen
Gedankenwogen dieses Blicks, als ruht ich
Am Meer, im Hauch des Morgens, selbstvergessen
Mich lösend in der Wellen süßem Spiel.

Lennox.

Geb Gott, daß deine Deutung ihrer Botschaft
Die Rechte sei.

Darnley.

Du zweifelst? Ließe sonst
Maria mich zur Unterredung rufen?
Sie mußte ja sich mein erbarmen. Laß mir
Den schönen Glauben! Schon als Lethington
Mit ihrem Auftrag in mein Zimmer trat,
Da jubelte mein Herz: sie liebt dich wieder!
Und in der Adern mühsam Pochen goß sich
Belebend ihrer Schönheit Athemzug,
Die Himmelsglorie, die ihr göttlich Haupt
Aushaucht mit jedem Lächeln. O Maria,
Läg ich versenkt im Grab gebrochnen Herzens,
Ein starres Bild in der Verwesung Arm,
Dein selges Lächeln würde mich erwecken.
Fort, fort zu ihr!

Lennox
(ihn umarmend).

Lebwohl, mein Kind! Gut Glück!
(Ab mit den Dienern im Hintergrund links. Darnley hastig ab nach rechts.)

Zweiter Auftritt.

Bothwell. Lethington. Morton. Lindsay. Ruthven
(in Mänteln, aus dem Hintergrund rechts).

Bothwell
(im Gespräch).

Ganz Schottland athmet Frieden, und vom Forth
Zum fernsten Westen dehnt sich festgefugt

Die königliche Macht, unüberwinblich.
So kam's benn, daß Maria, meinem Rath
Zufolge, euch, Mylorbs, aus der Verbannung
Zurückberief nach Schottland mit der vollsten
Gewähr für eure Sicherheit und Ehre.

Lethington.

Ihr seht, ein Leichtes wird von euch begehrt.
Wenn ihr drauf eingeht, sind euch alle Länder
Und Würden neu verliehn, burch dies Patent
Versiegelt und verbrieft, beschwört ihr nur,
Daß ihr uns schweigend unterstützen wollt
In dieser Sache.

Morton.
Redet deutlicher!

Lethington.

Was wollt ihr mehr? Ihr wißt schon, daß Maria
Den König zu sich rief, wißt, daß der König ...

Lindsay
(unterbrechend).

Der König hat Verrath an uns verübt!

Lethington.

Wir dulden nicht, daß ihn Maria's Gunst
Zum zweiten Mal erhebe über uns;
Wir werden's hindern. Euch genüge das!

Ruthven.

Was ihr auch vorhabt, jedes Unglück wünsch ich
Auf's Haupt des Feindes, der uns in's Verderben
Gelogen.

Lindsay.

Seinen Meineid strafe Gott!

Lethington.

So sind wir einverstanden.

Lindsay. Ruthven.

Ja!

Bothwell.

So schwört!

Morton.

Ein Wort, ihr Herren! übereilt euch nicht!
Laßt das Patent uns lesen!

Bothwell.

Traut ihr uns
So wenig?

Morton.

Ob von unsern Würden nichts
Vergessen ward.

Lethington.

Nichts, von der Grafenkrone

Bis zu dem Recht der Douglas Morton auf
Die Ehrenwache in dem Schloß zu Stirling
Beim Prinzen. Ueberzeugt euch!
(Er öffnet die Thür des Pavillons. Morton, Lindsay und Ruthven treten mit
dem Document hinein.)

Bothwell
(Raster).

Dieser Morton ...

Lethington.

Nur ruhig, Graf! Er soll den kleinen Prinzen
Nicht ewig hüten. Lassen wir nur erst
Die Wolken dieser Nacht sich still verziehn.

Bothwell.

Die Königin?

Lethington
(ironisch).

Scheint immer nichts zu ahnen.
Der Maskenzug von Edinburg wird kommen ...
(Er hält inne, da Morton, Lindsay und Ruthven zurückkommen.)

Bothwell

Nun, meine Herren?

Morton.

Alles richtig.

Lethington.

Schwört denn
Bei eurer Ritterehre auf die Hostie ...

Morton.

Mit Vorbehalt der uns verbrieften Rechte ...

Bothwell.

Zu schweigen, was auch hier heut Nacht geschieht.

Morton. Lindsay. Ruthven.

Wir schwören!

(Hubert tritt auf und spricht heimlich zu Bothwell.)

Lethington.

Schnell zu Pferd!

Bothwell
(zu den Lords, welche nach links abgehen).

Schlaft wohl, ihr Herren!

(Ab mit Hubert.)

(Verwandlung: Zimmer mit Mittelthür und Seitenthüren.)

Dritter Auftritt.

Maria. Darnley (aus der Seitenthür rechts).

Darnley
(ein Blatt Papier haltend).

Wie? Hoffnung, Glück, Vertrauen — gräßlich! —, Alles
Nur durchempfunden, wilder zu verzweifeln?

Maria.

Nicht dich zu quälen lud ich dich hierher,
Zur letzten, peinlich ernsten Unterredung,
Nur um mit Einem Hieb das letzte Band,
Das uns in Qual zusammenzwängt, zu lösen.

Darnley.

Ha! Wenn Verzweiflung solche Schwindelhöhe
Erreicht, da wird des Herzens Wachs zu Stahl,
Und unempfindlich trotzt sich's jeder Marter.
Ich unterschreibe nicht; ich willige
Nie, niemals in die Trennung unsrer Ehe,
Und flehtest du auf beiden Knien mich an.

(Er zerreißt das Blatt.)

Maria.

Es muß geschehn, um Beider Ehre willen:
Nicht duld ich, daß wer einst mein Gatte hieß,
Dem Spott der schadenfrohen Welt verfalle;
Du dulde nicht, daß die auf ewge Zeit
Sich von dir abgewandt, dein Weib noch heiße!
Auch dich erlöst die Trennung eines Bundes,
Der, Hinterlist und Treubruch zum Gesetz
Der Nothwehr machend, dich wie mich entwürdigt.
Der Seelentod, o eine Hölle, lauert
In solchem Bündniß, dem die Weihe fehlt,
Und fühlen mußt auch du's, wie ich es fühle.

Darnley.

Stolz, Ehre, hab ich dir sie nicht geopfert,
Als ich an Riccio's Sarg die Lords verrieth?
So tief versank ich in die Höllenflammen
Der eignen Brust, die prasselnd mich verzehren,
Daß keine Umkehr möglich ist für mich,
Und daß ich, wie die Kugel aus dem Rohr,
Muß vorwärts, vorwärts, immer vorwärts sausen
Zum Abgrund, den dein erster Kuß mir grub.
Den du einst lächelnd hast an dich gefesselt,
Den schüttelst du nicht lächelnd von dir ab.
Unsre Vergangenheit hast du verschmelzt;
Du sprengst auch unsre Zukunft nicht entzwei.
Ein Fluch, Ein Jammer und Ein Untergang —
Das sei die Strafe deines falschen Herzens!

Maria.

Frei ist mein Herz, frei wie die wahre Liebe,
Die läuternd Alles Irdische vertilgt,
Das drin gewuchert. Willst du untergehn,
Und fehlt die Mannheit dir, dich freizukämpfen,
So sinke! Aber mich laß aufwärts streben
Frei und verklärt zum heißgesuchten Ziel!

Darnley.

Du liebst?

Maria
(verklärt).

Ich liebe.

Darnley.

Aufwärts willst du schweben?
Auf deine Schultern werf ich deine Schuld,
Daß sie dich niederdrücke. Ha! du liebst?
Ich aber klammre mich an deine Flucht;
Mich soll dein Haß, dein Hohn nicht mehr verjagen
Wie früher. Höhne nur! Du bleibst mein Weib.

Maria.

Nicht deine Sklavin, nein! Du gibst nicht willig
Die Scheidung zu, die ich von dir erbat?
So wisse denn, mein Recht, die Freiheit über
Mich selbst, dies Recht, ich werd es durch Gewalt
Aus deinen Händen reißen.

Darnley.

Durch Gewalt?
Du schaffst mir Rath. Mein einzig Recht auf Erden,
Das Gottes Priester selbst mir zuerkannte,
Dies heilge Recht, wonach du frevelnd greifst,
Ertrotzen will ich mir's, mein Gattenrecht!

Vierter Auftritt.

Die Vorigen. Bothwell. Hubert (aus der Seitenthür links).

Bothwell.
Zurück, Vermessner!
(Maria stürzt sich an seine Brust.)

Darnley.
Ha, Verrath! Verrath!
(Pause.)
O Narr, du dauerst mich. Du wähnst wohl auch,
Daß weil sie jetzt an deine Brust sich schmiegt,
Weil sie dich anstarrt mit den feuchten Augen,
Du ewig schwelgen wirst in ihrer Liebe?
O Narr, ein Vampyr liegt an deiner Brust,
Mit deinem Herzblut seinen Durst zu kühlen,
Bis du entnervt, verstoßen und verhöhnt,
Dastehst, ein Jammerbild, mein Leidensbruder.

Maria.
Noch ein Mal, willst du feierlich entsagen
Dem letzten Band, das vor der Welt uns eint?
Ich kann dir drohen.

Darnley.
Nein.

Maria.
            Ich flehe.

Darnley.
                        Nein!
Und bleibt mir auch kein Wille, keine Zukunft,
Kein Wunsch mehr, dennoch sag ich ewig nein.
Was jetzt auch kommen mag, mein ganzes Schicksal
Erfülle sich! Ich weiche nicht. Da drin
Werd ich's erwarten mit gezognem Schwert.
            (Er geht zur Seitenthür rechts, sich umwendend zu Bothwell.)
Du aber, armer Narr, du dauerst mich.
            (Ab.)

Bothwell
(zu Hubert).

Hinunter auf die Edinburger Straße,
Ob du den Maskenzug nicht kommen siehst.
            (Hubert ab durch die Mittelthür. Zu Maria.)
Du folgst dem Maskenzug nach Edinburg.
Ich werde handeln.

            Maria
            (kleingläubig).

            Können wir noch hoffen,
Die Scheidung zu ertrotzen?

            Bothwell
                        Ganz gewiß.

Fünfter Auftritt.

Die Vorigen. Hepburn (in grobem Anzug, wie von
   Kohlenstaub geschwärzt, aus der Seitenthür links).

Hepburn.
Herr! Alles ist bereit. Die Pulverfässer sind unten
im Gewölbe. Wir warten auf Euren Befehl.

Bothwell.
Der soll euch werden zur gelegnen Zeit.
Zurück an deinen Posten!
(Hepburn links ab.)

Maria.
Ha! was ist das?
Pulver? Was soll der finstre Schreckensbote?
Du willst doch nicht ...?

Bothwell.
Ich will.

Maria.
Wie? Dafür, dafür
Lockt ich ihn her? Ich selber soll den Mördern
Ihn überliefern? Locken durft ich ihn
Hierher, um das verhaßte Band zu brechen,
Das meine Zukunft an's Vergangne kettet, —

Allein ihn morden? absichtskalt ihn morden?
Den Vater meines Kindes morden? Nie!

Bothwell.
In Ihren Augen wurb ich andre Wünsche
Gewahr.

Maria.
Nach Thaten richte Gott mein Herz!

Bothwell.
Sie klagen noch, daß ich an Ihnen zweifle?

Maria.
An meiner Liebe?

Bothwell.
Nein, an Ihrer Laune;
Wer seiner Liebe Schranken setzt, liebt nicht;
Wer nicht der Liebe Alles opfert, spielt.

Maria.
Dich lieb ich, wie der Pilger, der verschmachtend
Die Götterpracht des Paradieses liebt,
Das sehnsuchtschauernd endlich er erblickte.
Doch wissen, daß die Pulvermine gähnt,
Hier, unter meinen Füßen, mit der Stimme
Des Donners ihn als Kläger wider mich
Hinaufzuschleudern vor den Richtstuhl Gottes;

Das wissen, und mich fliehend selbst verdammen —
Nein, nein! Verlang nicht Teuflisches von mir!

Bothwell.
Ich habe nichts verlangt, verlange nichts.

Maria.
Daß du ihn tödtlich hassest, daß du mir
Mißtraust — ich kann es fassen, will dir dienen
Wie eine Magd; gebiete unumschränkt! —
Nur schone seines Lebens! O gewiß,
Es gibt ein Mittel, diese Greuelthat
Unnütz zu machen; einen milden Ausweg
Gibt's, muß es geben.

Bothwell.
Ja.

Maria.
O habe Dank!
Sprich!

Bothwell.
Gehn Sie nicht zum Maskenfest heut Nacht!
Dem König widmen Sie fortan Ihr Leben,
Wie's einer treuvernünftigen Hausfrau ziemt;
Mich lassen Sie verhaften, — wenn ich mich
Verhaften lasse.

Maria.
Unbarmherzger Hohn!

Bothwell.

Sie fürchten, daß ich Ihre Briefe nütze,
Worin gar Manches steht, was vor der Welt
Sie wohl verschweigen möchten? Nein; Graf Bothwell
Bleibt groß, wär's nur, um doppelt zu verachten.
(Ihr Briefe darreichend).
Hier nehmen Sie! Die Zahl wird richtig sein.
(hobord aus der Ferne.)

Maria
(sich abwendend, gebrochen).

Graf Bothwell foltert mich, indeß ich Marter
Für ihn erdulde, und ich lieb ihn doch . . .

Bothwell.

Beweisen Sie's! Da naht der Maskenzug.
Er wartet vor dem Thor.

Maria.
Du tödtest mich.

Bothwell.

Wenn Sie nicht logen, fort, nach Edinburg!
(Maria thut einige Schritte.)

Maria
(sich niederwerfend).

Erbarm dich! Mir im Innersten wohnt Grausen;
Vor einem Schreckbild schaudert mein Entsetzen
Zurück, vor meinem eignen Bild, vor mir,

Wenn ich jetzt ginge. Ha! es grinst mich an
Mit stierem Blick — Nein! diese Mörderlarve
Will ich nicht tragen.
(Sie steht wieder auf.)

Bothwell.
Weiber lieben ja
Veränd'rung in Gefühlen und in Tracht.

Maria.
Dein Hohn ist machtlos gegen mein Entsetzen.
Wer bist du, daß du nicht vor mir' erschräkst,
Böt ich zu Dem Beginnen dir die Hand?

Bothwell.
Sie wollen nicht?

Maria.
Das? Nie!

Bothwell.
Sie wollen nicht?

Maria.
Schleudre mich vor die Füße deiner Mörder!
Spreng mich mit deinem Pulver in die Luft!
Ich gehe nicht.
(Bothwell schließt sie wild in seine Arme.)

Weh mir! Du willst mich tödten?
Wohlan! ich trotze deiner Rache.

Bothwell.

Weib,
Fast lieb' ich deine frevelmuthge Liebe.

Maria.

Du liebtest? Zück' den Dolch! Mein letzter Seufzer
Haucht noch Triumph, wenn du mich liebst.

Bothwell.

Maria,
Ein Sturm des Wahnsinns rast mit mir von bannen.
Die wilden Mächte meiner glühnden Brust
Stürzen hervor und schmieden meine Arme
Um deinen Leib; verzehrendes Verlangen
Preßt deines Busens Zucken an mein Herz!
Die Lippen müssen in einander schmelzen
Wie glühendes Metall . . .

Maria.

Ha! Das — ist Liebe . . .

(Darnley tritt von Beiden unbemerkt mit gezogenem Schwert und einem Leuchter tragend aus der Seitenthür rechts.)

Bothwell.

Maria, du bist' mein: dich hat im Kusse
Der Sturmwind meiner Seele angehaucht.

(Darnley ab durch die Mittelthür.)

Wer unter diesem Flammenhauch geschaudert,
Wer in den Abgrund blickte meiner Brust,

Ist ewig, unzertrennlich mir verfallen,
Und wenn die Welt aus ihren Fugen stürzte,
Den Bann zu lösen.

Maria
(ihn umschlungen haltend).

    Ewig — unzertrennlich.

Bothwell.
(sie von sich stoßend).

Jetzt geh zu Darnley, und verrathe mich!

Maria.

Ich dich verrathen? Dich an ihn? Du wähnst,
Daß ich, die Muth geschöpft an deiner Brust,
Dir lächelnd eine Menschheit hinzuwürgen ...
(entsetzt)
Was sag ich, großer Gott?

Bothwell
    Die Stunde drängt.

Maria.
Besinnung — laß mich denken!. Locke nicht,
Entsetzlicher! Selbst Judas sänke ja
Vor mir zum Stümper des Verraths herab.
Bleib! ruft der Himmel donnernd mir ins Herz,
Und ruft mir die Besinnung wach. Was ließ ich
Mein grenzenloses Lieben mir den Wahn
Aufzwingen, drohend könn ich ihn bewegen

Zur Scheidung? Großer Gott! Was ahnt ich nicht,
Daß du sein Leben ... Selbstbetrug!... Was wollt ich
Nicht ahnen, daß es also kommen müßte?
Ja Selbstbetrug hat mich verführt; — gottlob!
Mein guter Engel hielt mich noch zurück
Am Rand des Abgrunds, und so wahr ich hoffe,
Daß Gott mit gnädgem Blick ins Herz mir schaut,
Mach ich jetzt Alles, Alles wieder gut.

    Bothwell.
So trennst du uns auf ewig..

    Maria.
      Mach es gut,
Und müßt ich sühnend auch mein Herz zerfleischen.
<small>(Sich schützend vor die Seitenthür rechts hinstellend.)</small>
Siehst du die Strahlen nicht um meine Stirn?
Geweiht, allmächtig tret ich dir entgegen.
Stoß mich nur fort in ewiges Verzweifeln,
Doch retten werd ich den Abscheulichen.
Hier bleib ich!
    <small>(Pause.)</small>

Sechster Auftritt.

Die Vorigen. Hubert (bleich und wankend durch die
    Seitenthür links).

    Hubert.
Herr!

Bothwell.
Du blutest?

Hubert.
Weh! Der König —
Er stieß — mich nieder.

Bothwell.
Wo?

Hubert.
Den Blick in Flammen —
Steigt er hinab — mit Feuer —

Bothwell.
Ins Gewölb?
Das Pulver! — Fort, Maria!

Maria.
Fort mit mir,
Geliebter!

Bothwell.
Ich? ich bleibe.

Hubert.
Die Sekunde
Kann uns vernichten.

Maria
(will ihn fortreißen).
Komm!

Bothwell.

Bin ich der Schurke,
Der nur gefahrlos einen Mord verübt?
Wer morden will, besitze Muth zu sterben, —
Und Einer stirbt hier: Darnley oder ich.

Hubert.
Eilt, oder Alles sprengt er in die Luft!

Bothwell
(zu Maria).
Ich thue keinen Schritt, eh du gewählt.

Maria
(die Hände ringend).
Entsetzlicher!

Bothwell.
Er oder ich.

Hubert
(in die Knie sinkend).

Jetzt öffnet
Er wohl die Thür schon!

Maria
(will Bothwell wieder fortreißen).

Er dich morden? — Gnade!

Bothwell.
Er oder ich.

Maria
(aufwärts blickend, mit Verzweiflung).
Wenn Einer sterben muß,

Gerechter Richter, kannst du mir nicht zürnen,
Daß meine Wahl nur diesen Gatten kennt.
Lebwohl!
(Schnell ab durch die Mittelthür.)

Bothwell
(zu Hubert).

Du Memme, aufrecht! und ihm nach!
(Beide ab durch die Seitenthür links.)

(Verwandlung: Großes unterirdisches Gewölbe: Seitenthür in der Coulisse rechts und Mittelthür im Hintergrund; nackte Wände; in der linken Ecke des Hintergrunds einige Fässer. Durch die Kellerlöcher an der Decke heller Mondschein. Man hört noch die Musik des Maskenzugs.)

Siebenter Auftritt.

Hepburn. Hay (treten aus dem Hintergrund und lauschen).

Hay.

Das eine natürliche Musik — jetzt und hier? Glaubst du nicht an Ahnungen, an übernatürliche Zeichen?

Hepburn
(aus einer Feldflasche trinkend).

An's greifbare Gelb und an den Galgen.
(Er reicht ihm die Flasche.)

Hay.

Thut nichts: unheimlich ist's doch. Was hat uns der arme Tropf gethan?

Hepburn.

Füttert Er bein Weib und seine sieben Wechsel=
bälge?

Hay.

Thut nichts: man hat doch immer noch sein Ge=
wissen.

Hepburn.

Nun ja; für meinen Jux thu ich's eben auch nicht.
Ehrlich sein ist schon angenehmer, aber reich muß man
dabei sein, sonst lassen sie Einen vor lauter Ehrlichsein
Hungers crepiren.

Hay
(fällt ihm entsetzt in die Rede).

Ha! Gott sei mir gnädig!

Achter Auftritt.

Die Vorigen. Darnley (aus der Seitenthür; in der Rechten
das Schwert, in der Linken den Leuchter).

Hay.

Erbarm dich, drohendes Gespenst! — Mich trieb
das Elend, hungernde Kinder. (Darnley tritt vor. Hay kniet
nieder.) Was muß ich thun? ...

Hepburn (ziehend).

Hinaus mit dem Licht, du Rasender! Hinaus
sag ich!

(Er dringt auf ihn ein.)

Hay
(stürzt durch die Mittelthür hinaus; hinter der Bühne).

Hülsel
(Darnley stößt Hepburn nieder.)

Darnley
(nach einer Pause, um sich schauend).

Ich bin zur Stelle — dort die Pulvermine …
Nicht leben kann ich mehr; ihr hetzt den Jammer
In eures Glückes Wiege fort, in's Grab?
Ich geh schon; sorgt nicht! doch ich nehm euch mit.
Jetzt schüttl' ich die Zerknirschung von mir ab;
Hier bin ich König über eine Welt —
Bin mehr: das Schicksal bin ich, das da richtet,
Den Donnerkeil in der allmächtgen Hand.
In Einem Donnerschrei macht mein Verzweifeln
Sich Luft, und angebrüllt von diesem Fluch
Sollt ihr im Tod verzweifelnd mein gedenken. —
Nur ruhig, Herz, so lang du noch kannst fühlen:
Der Schlaftrunk dort löscht dein unendlich Weh;
Trink dir Vergessenheit, du müdes Herz! —
Den Schiffer überschleicht ein sanft Gefühl,
Wenn er, nach wüthendem Verzweiflungsrasen,
Die tolle Hoffnung endlich von sich werfend,
Auf ödem Wrack dem Tod entgegen treibt.
Auch ich gedenke der durchrungnen Stürme,
Als hätt' ich nur im Traume sie erlebt —
Ein Sterbender schwebt übern eignen Leben;

Meins seh ich unter mir vorüberziehn
Wie einen Leichenzug ...

(Verhallende Musik des Nachtzuges.)

     Horch! Trauertöne —
Wie weich die Flöten in der lauen Nacht!
Still! sie verhallen. Süße Melodie!
O Gott, wie himmlisch könnt es sein, zu leben!
So klang mir's in der Brautnacht durch die Seele,
Maria! und du schliefst in meinem Arm,
Und thränenselig lauscht ich deinem Schlummer ...
Erlisch, du Hölle der Erinnerung!

(Er thut einen Schritt vorwärts; wieder stehen bleibend.)

Zerrissen ihre wonnig zarten Glieder —
Zerschmettert ihre göttliche Gestalt —
Verzerrt der Mund, wo selge Rosen blühen —
Versengt die fluthend weichen Locken ... Sei's!
In's Antlitz lachen will ich jedem Grausen;
Vernichtung, schmettre zu!

(Er eilt nach den Fässern im Hintergrund.)

Neunter Auftritt.

Darnley. Bothwell. Hubert. Hay (mit gezogenen
  Schwertern aus der Mittelthüre).

   Darnley.
    Ha!

Bothwell
(ihm mit seinem Schwert den Leuchter aus der Hand schlagend).

Stoßt ihn nieder!

(Doralen fällt.)

Hubert
(nach einer kurzen Pause, aufathmend).

Gerettet!

Bothwell
(die Leiche betrachtend).

Irrer Schwärmer ohne Halt,
Dich konnten deine Mörder nur erlösen. —
(sich abwendend)
In einer Stunde laßt die Mine springen!
Ich muß nach Edinburg, zum Maskenball.

(Der Vorhang fällt.)

Vierter Aufzug.

(Marktplatz zu Edinburg, wie im zweiten Aufzug.)

Erster Auftritt.

Bürger (stehen im Hintergrund an den Stufen, die zum Portal des Gerichtshofes führen, vor einem Plakat).

Erster Bürger.

Schon wieder so ein Zettel über Nacht. Seht her! Eine Hand, die ein Messer hält.

Zweiter.

Seht! es stehn Buchstaben unter der Hand und über der Spitze des Messers.

Dritter.

Nachbar, Ihr könnt lesen. Wie heißt's?

Erster.

Ein B.

Zweiter
(halblaut).

Das bedeutet Bothwell.

Erster.

Nichts Neues. Und ein M mit einem S.

Dritter.

Das bedeutet Mar ...

Zweiter
(unterbrechend).

Um Gottes willen still! Wir wissen ja schon.

Dritter.

Gestern Nacht hab ich's auf der Straße ganz laut rufen hören.

Erster.

Bei Tag ruft's aber keiner.

Zweiter.

Jeder denkt's, und das ist genug.

Erster.

Liegt doch auf der flachen Hand. Was? Als man ihr den Italiener todtschlug, den Riccio, der's mit dem Spanier hielt — und mit ihr, da spie sie Feuer und Flamme, und hätte alle Welt gern viertheilen lassen. Jetzt, da man ihr den Mann todtschlägt, geht sie ohne Geschrei auf's Land, mit dem Grafen, und kommt zurück, immer mit dem Grafen, und denkt auch nicht einmal im Traum dran, dem Thäter nachzuspüren.

Zweiter.
Herr Gott! Nehmt Euch doch in Acht!

Erster.
Sie will's nicht thun, trotzdem ihr des Königs Vater, der alte Graf Lennox, das Haus einläuft, und Bothwell verklagt. Ich sag euch, die Geschichte kommt den vermaledeiten Engländern wieder einmal wie gewünscht. Wegen dem Allen stehen auch viertausend Mann hier unter den Waffen.

Zweiter.
Die großen Herrschaften sollen's nur unter sich ausmachen. Wenn's nur wieder einmal Ruhe gibt.

Dritter.
Steuern müssen wir so wie so zahlen. Was geht uns das Uebrige an?

Erster.
Uns darf's denn doch wurmen. Wenn Unsereins im königlichen Gehäge einen Hasen über den Haufen schießt, wird er verdonnert, und Die schlagen Könige mir nichts dir nichts todt. Probir's einmal Unsereins, nur einen Grafen todtzuschlagen; ob man ihn nicht rädert, und foltert, und ...

Zweiter
(unterbrechend).

Still, wenn Euch Euer Leben lieb ist! Da kommen Zwei vom Hof.

Zweiter Auftritt.

Die Vorigen. Lethington. Melvil (treten im Gespräch im Vordergrund links auf).

Melvil.
Nein, nochmals, nochmals will ich sie beschwören,
Von ihm zu lassen.

Lethington.
    Mann, bedenkt nur eins:
Der Löwin Brut faßt sich bequemer an,
Als eines Weibes Lieblingsplan. Gebt's auf!

Melvil.
Wer seiner Fürstin Ruf gefährdet sieht
Vor Aller Augen, kennt nur Die Gefahr.

Lethington.
Ich mein es gut mit Euch.

Melvil.
    Mich wird sie hören,
Denn zwar verwerfen kann sie meine Bitte,
Doch nicht verdächtigen.

Lethington.
                Sorgt, daß bei Bothwell
Von Euren frommen Wünschen nichts verlaute!

Melvil.
Der kennt mich, — und was liegt an mir? Doch sie,
Sie wird er in's Verderben mit sich reißen.

Lethington.
Der Adel Schottlands hat sich nicht gerührt;
Der Graf steht fest, was man auch flüstern mag
In England oder hier: mir könnt Ihr's glauben.

Melvil.
Wenn sie noch Glück in seinen Armen fände!
Doch hört: heut morgen trat ich in's Gemach,
Wo sie mit Bothwell pflegt sich aufzuhalten.
Er stand wie richtend mit gekreuzten Armen
Vor ihr mit einem Blick! ... und sie verbarg,
Da sie mich kommen hörte, schnell die Augen,
Verweinte Augen, Herr.

Lethington.
                So weiß der Graf,
Daß Liebe wächst, so lang sie strebend leidet —
Ein Philosoph.

Melvil.
        Und sie, die einer Welt
Zu trotzen weiß ...

Lethington.

Lernt bienen, Haushofmeister,
Das sind Naturgesetze. Stemmt Euch nicht
Dagegen!

Melvil.

Doch und doch! Herr, wer ein Unglück
Verhüten will, der klügelt nicht wie Ihr.

Lethington.

Fällt mit der Thür in's Haus und bricht den Hals.
Merkt Euch: die höchste Weisheit wird zu Schanden,
Gewandtheit irrt, und Ehrlichkeit schießt fehl,
Uebt man die Eine Kunst nicht, die da heißt
Abwarten.

Melvil.

Früher ... (kopfschüttelnd) Eine fremde Zeit!

(Beide rechts ab.)

Dritter Auftritt.

Bürger. Herold.

Herold.

Bürger von Edinburg! Um alle böswilligen Ge=
rüchte zum Schweigen zu bringen, wird sich der sehr
edle Graf von Bothwell sogleich im Gerichtshof vor

der Kammer der Lords seiner Pairs stellen, um die Anklage des Grafen von Lennox, und hiemit jeden Verdacht der Theilnahme an der Ermordung Seiner Majestät des Königs von sich weisen.

(Ab. Einige Bürger folgen nach.)

Erster Bürger.

Sie haben zu Kreuz kriechen müssen, weil sie eben nicht anders konnten.

Zweiter.

Das wird ein heißer Tag werden.

Erster.

Je nachdem.

(Er wendet sich zum Gehen.)

Dritter.

Sagt, Nachbar! Werden sie ihn jetzt viertheilen lassen wie einen Bürgersmann?

(Alle ab.)

(Verwandlung: Zimmer im Schloß Holyrood.

Vierter Auftritt.

Maria. Bothwell (treten aus einem Nebenzimmer).

Maria
(in größter Aufregung).

O grausam, grausam über alles Maaß!
Ist das die Liebe, die du mir gelobtest?

Bothwell.
Ich lasse mich nicht narren wie die Andern,
Die du zerbrachst, nachdem du sie erhöht.

Maria.
Zu viel! ... Ach nein! dir kann ich ja nicht zürnen.
Vor Deinem Vorwurf steh ich wehrlos da.

Bothwell.
Weil er gerecht ist.

Maria.
Sieh! mein alter Stolz,
Der sich vor Jedem bäumt, kniet vor dir nieder,
Die Hand zu küssen, die beglückt und straft.
Laß ruhn die Särge der Vergangenheit!
Ich fehlte damals, nur weil du mir fehltest.
Jetzt hab ich dich: mir ward ein neues Herz. —
Sag mir, daß du mich schmähst aus Eifersucht
Der Liebe: segnen will ich deinen Fluch.
Schließ mich wie früher gnädig an dein Herz!
O damals strömte Wonne durch die Welt,
Und „ewig, ewig!" rief's in meiner Seele;
Nur eine Stunde noch laß mich erbeten
Aus jener Zeit, in deren engen Kreis
Der Jubel einer Ewigkeit sich drängte!

Bothwell.
Dafür, daß Melvil hinter meinem Rücken

Es wagen darf, mich straflos anzuschwärzen?
Denn daß er's wagt, beweist ja, daß er's darf..

Maria.
O hätt ich nur geahnt, daß ein paar Worte
Unüberlegten Eifers aus dem Munde
Des alten treuen Dieners ...

Bothwell.
Schmeichelnamen
Für meine Feinde!

Maria.
Achtet denn ein Held
So schwacher Feinde? eines schlichten Dieners,
Der mich als Mädchen auf den Armen trug?

Bothwell.
Der Kleinen Frechheit dünkt mich zehnmal frecher,
Als die der Großen.

Maria.
Nur um seinetwillen
Bist du mir gram? O dann ist Alles gut.
Wozu noch reden? Nur um seinetwillen?
Er ist gerichtet.

Fünfter Auftritt.

Die Vorigen. Lethington.

Lethington.
Graf, schon harren Ihrer
Die Lords, Sie zum Gerichtshof zu geleiten
Mit allen Ehren, wie sich's ziemt.

Bothwell.
Auch das!
Pfui! dem Gesindel läßt man seinen Willen,
Gibt einem Lennox, einem Randolph nach.

Maria.
O zürne nicht! Du weißt, wir mußten ja,
Um unsrer Zukunft willen.

Bothwell.
Gut; ich stelle
Mich dem Gericht, und spiel die Posse mit;
Doch morgen muß dein Kind aus Stirling fort.
Hier muß der Knabe sein in meiner Macht;
Ich will nicht einem Morton trauen müssen,
Will heut zum letzten Male Rede stehn,
Will trotzen können, offen, rücksichtsfrei
Dem Sporenpöbel wie den Gassenlords.

Maria.

Befiehl, Geliebter, und es ist geschehn!
(Sich an ihn schmiegend.)
Nur laß mich wieder hoffen! darf ich hoffen?

Bothwell.

Nicht ich bin wankelmüthig.

Maria.

Heute sollst du
Noch sagen müssen: weder ich noch du.

Bothwell.

Nun zum Gericht! Lebwohl!
(Ab.)

Maria.

Ich komme nach;
(Ihm einen Kuß nachschickend.)
Ich komme!

Lethington
(vortretend).

Majestät, Sir Randolph bittet
Sie um Gehör.

Maria.

Schon wieder? Schnell!

Lethington
(an der Thür).

Da ist er.

Sechster Auftritt.

Maria. Lethington. Randolph.

Maria.
Nun Sir, jetzt sind Sie wohl mit mir zufrieden?
Was Ihre Königin von mir erbat
In Briefen, deren schwesterlichen Sinn
Ich würdige, denn meiner Ehre wendet
Sie wahrlich einen seltnen Eifer zu, —
Die Sitzung des Gerichts, — sie findet statt.
Mit Freuden nehm ich Ihren Dank entgegen.

Randolph.
Erdreisten muß ich mich — und darin handl' ich
Der Absicht meiner Königin gemäß —,
Dem Dank noch eine Bitte beizufügen.

Maria.
Sie bitten oft, mein werther Sir.

Randolph.
     Ein Recht,
Das meine Fürstin eifrig schätzt und übt,
Als Zeichen ihrer schwesterlichen Liebe
Zu Schottlands Königin.

Siebenter Auftritt.

Die Vorigen. Melvil (in großer Hast).

Melvil
(niederknieend).

Vergib, erhabne
Gebieterin, daß ich zum zweiten Mal
Dein Ohr bestürme.

Maria.
Herr, wir sind beschäftigt.

Melvil.
Die Botschaft drängt; Graf Lennox schickt mich her:
Zu deiner Ehre fleht er, des Gerichts
Verhandlung zu verschieben.

Randolph.
Majestät,
Dasselbe zu bewirken, steh ich hier.

Maria.
Ich staune, so vergeßlich Sie zu finden.
Sie selbst und Ihre Fürstin und der Graf
Von Lennox haben dies Gericht begehrt.

Randolph.
Erlauben Ihre Majestät ...

Maria.

                Sir Randolph,
Es würde bringend, fast unziemlich bringend
Begehrt.

Melvil.

    Graf Lennor sieht sich unerwartet,
Unvorbereitet vor's Gericht geladen;
Darum verlangt er Frist, die nöthgen Mittel,
Um Zeugen und Beweise vorzubringen.

            Randolph.
Mich dünkt das Rechtens.

            Maria.

                Wenn er sie nicht fand,
Bis jetzt nicht, nun, so sind sie nicht zu finden.

            Melvil.
Nur weil ... O Fürstin, ich beschwöre dich
Bei diesem Haar, in deinem Dienst ergraut,
Hör mich!

            Maria
    (die schon einmal unterbrechen wollte, heftig).

    Kein Wort mehr, Melvil! Stehn Sie auf! —
Sir Randolph, Ihren Bitten gab ich nach,
So lang sie sich auf Billigkeit gegründet;
Doch diesmal — meldet's Eurer Königin! —
Verbietet meine Ehre, der die Schwester
So warmen Eifer gönnt, Euch nachzugeben.

Mein königliches Wort berief die Lords,
Nach Recht und nach Gewissen zu entscheiden.
Verpfändet ist mein königliches Wort
Der Pflicht, dem Recht zu lassen freien Lauf.
So sei's auch!

(Sie wendet sich zum Gehen.)

Randolph ⎫ (zugleich) Majestät ...
Melvil ⎭ All dein Glück ...

Maria
(zu Randolph, unterbrechend).

Zur Kenntnißnahme
Von sonstgen Mittheilungen weis' ich Sie
An meinen Kanzler Mylord Lethington.

(Alle ab.)

(Verwandlung: Der Marktplatz, wie zu Anfang des Aufzugs.)

Achter Auftritt.

Bürger (von links).

Dritter Bürger.

Dort kommen sie, und Volk die Menge. Hier wollen wir stehen bleiben.

Zweiter (nach rechts spähend).

Was? Den schönen Rappen muß ich kennen. Ja, von des Königs Einzug her, Gott hab ihn selig!

Erster.

Der Graf reitet das Lieblingspferd des Königs.

Dritter.

Jetzt steigt er ab. Was? Ist das nicht ein Edel=
mann, der das Pferd beim Zaum hält?

Erster.

Nachbar, wenn der Prozeß so anfängt, werden
sie ihn gewiß nicht wie einen Bürgersmann tractiren.

Zweiter.

Eure Zunge bringt Euch noch an den Galgen.

Erster.

Ihr glaubt wohl, daß Unsereins bloß zum Jasagen
eine Zunge am Gaumen hängen hat?

Dritter.

Zum Essen und Trinken.

Erster.

Nachbar, jetzt glaub ich's Euch, daß Ihr weder
lesen noch schreiben gelernt habt.

Neunter Auftritt.

Die Vorigen (links). Bothwell. Morton. Lindsay.
Ruthven. Huntly. Edelleute (von rechts; sie treten nach
dem Hintergrund den Stufen zu, die zum Thor des Gerichts=
hofes führen).

Bothwell
(auf der ersten Stufe stehen bleibend, betrachtet das Plakat, sich gegen das
Volk umwendend).

Wenn ich den Thäter kennte dieser That,

So gäb's in Schottland eine Wittwe mehr,
Und Wolf, mein großer Jagdhund, würde schmecken
Wie das Geröse eines Buben schmeckt.

<small>(Ab in den Gerichtshof; das Volk drängt sich nach dem Hintergrund links.
Alle Edelleute folgen Bothwell, außer Morton, Ruthven und).</small>

Lindsay <small>(vortretend)</small>.
So viel ich sehn kann, geht es euch wie mir.

Ruthven.
Lady Locleven fällt mir wieder ein,
Wie sie von jenen Zeiten zu mir sprach,
Wo Schottlands Edle, frei wie Schottlands Berge,
Dastanden vor dem König Könige.

Lindsay <small>(zu Morton)</small>.
Was sinnt Ihr so?

Morton
<small>(nach dem Gerichtshof gewendet).</small>

    Ich denke drüber nach,
Worin der Unterschied bestehn mag zwischen
Geleite und Gefolg.

Lindsay.
    Weil ich ihn fasse,
Blieb ich hier stehn.

Ruthven.
    Mich dünkt es — ungebührlich,
Daß Bothwell reitet, wenn wir Andern gehn.

Lindsay.

Noch bindet uns der Schwur auf's Sakrament ...

Morton

Uns bindet das Bestehende, die Macht
Der Einen und der Selbstverrath der Andern.

Zehnter Auftritt.

Die Vorigen. Herold (auf den Stufen des Gerichtshofes).

Herold.

Im Namen Ihrer Majestät, im Namen des Gerichts wird der Graf von Lennox vorgeladen, um seine Anklage gegen den Grafen von Bothwell mit Zeugen und sonstigen Beweisen zu führen.
(Pause.)

Morton.

Sogar der Vater wagt sich nicht mehr vor.

Herold.

Zum zweiten Mal ergeht mein Ruf an den Grafen von Lennox, oder in seiner Abwesenheit an den von ihm Bevollmächtigten.
(Pause.)

Lindsay.

Vom Grafen Lennox hätt ich Muth erwartet.

Herold.

Zum britten und letzten Mal frage ich: Graf von

Lennox, willst du vor Gericht deine Anklage aufrecht erhalten?

Ruthven.

Muth? Selbst von Knox erwart ich keinen mehr.

Herold.

Bürger von Edinburg! Ihr seid mir Zeugen, daß ich gethan, was meines Amtes.
(Ab in den Gerichtshof.)

Elfter Auftritt.

Die Vorigen (ohne den Herold). Ein Page (Krone und Schwert des Reichs auf einem Kissen tragend). Maria. Lethington. Randolph. Melvil (von rechts. Die Lords treten nach dem Hintergrund rechts, wo auch Randolph stehen bleibt. Maria ist im Gespräch mit Melvil).

Lethington (Morton anhaltend).

Ein Wort mit Ihnen, lieber Herr!
(Beide nach dem Hintergrund).

Maria (mit Melvil vortretend).

Der Graf
Fühlt sich gekränkt. Melvil, mit schwerem Herzen
Entlaß ich Sie, allein es ist sein Wunsch.

Melvil.

Ich darf nicht sprechen, will auch nicht mehr sprechen,
Wiewohl ich's möchte — nicht um der Verbannung

Wehvolles Loos von meinem Haupt zu wenden,
O nur um meine Königin zu retten:
Sie schickt den letzten Freund von ihrer Seite.
So leb denn wohl, Gebieterin! Sei glücklich!
Um diesen Preis verkauf ich gern dem Schicksal
Die Hoffnung, dich auf Erden noch zu sehn,
Und scheide mit dem einen heißen Wunsch,
Daß nimmer dir die Stunde schlagen möge,
Wo du im Jammer mich willkommen nennst.

(Maria wendet sich wehmüthig ab, und tritt dann entschlossen, ihren Pagen voran, in den Gerichtshof.)

Randolph
(der die Sprechenden beobachtete, tritt vor.)

Mein werther Sir, Ihr unverdientes Unglück
Geht mir zu Herzen. Daß ich's lindern könnte!
Ich glaube, nicht zu irren, wenn ich sage,
Daß meine Fürstin des Verbannten Schmerz
Durch ihre wohlgerühmte Gastfreundschaft,
Dem Zug gehorchend ihres milden Herzens,
Mit Freuden lindern hülfe.

Melvil.

Ihre Absicht
Erkenn ich an; doch nicht zu London, Sir,
In Frankreich und zu Rom sind Schottlands Freunde.

Morton
(Erskington, der in den Gerichtshof abgeht, verlassend, tritt mit Lindsay und Ruthven vor).

Sie kennen ihre Macht und unsre Ohnmacht;
Nur so erklärt sich's.

Ruthven.
Mit dem Kanzler spracht Ihr;
Was gibt's?

Morton.
Ich seh die Kralle Tyrannei
Sich recken unterm Sammt der süßen Reden.

Lindsay.
Noch mehr?

Morton.
Sie spielen deutlich schon drauf an,
Den Prinzen meiner Obhut zu entziehen.

Ruthven.
Ha, nimmermehr!

Lindsay.
Versiegelt und verbrieft
Ward Euch dies Recht.

Morton.
Was hilft's, wenn uns die Macht,
Dies Recht zu schirmen, fehlt?

Lindsay.
Recht schirmt sich selbst.

Morton.
O Narren, die wir müßig zugeschaut,
Wie Bothwell seiner Herrschaft Grundstein legte
Auf Darnley's Leiche!

Ruthven.
            Sollte Meineid straflos
Von dannen gehn?

Morton.
            Wir zahlen für die Rache
Mit unsrer Freiheit. Ueberm Fundament
Ragt jetzt der Bau, gefügt für schlimme Dauer,
Und überragt uns.

Ruthven.
            Wie? Ihr wollt gehorchen?

Morton.
Wollt Ihr den Kopf Euch nutzlos blutig rennen?

Lindsay.
So helft denn Ihr, Sir Randolph! Werft den Handschuh
Im Namen Eurer Fürstin den Verächtern
Des Rechts, des Glaubens, den auch sie bekennt,
Kühn vor die Füße! England löse jetzt
Sein wiederholt gegebenes Versprechen!
Fort mit der Vorsicht doppelzüng'gem Zaudern
Zu thätger Hülfe, oder wir erliegen
Auf immerdar.

Randolph.
Wie treu ich euch ergeben,
Ihr werthen Lords...
Lindsay.
Jetzt oder nie, beweist's!
Randolph.
Ein Angriff? Meine Vollmacht reicht nicht aus.
Ruthven.
So helft ihr nach!
Randolph.
Sie lautet zu bestimmt.
Morton.
Wir sind zu schwach nicht, Sieg euch zu versprechen.
Randolph.
An euren Händeln nimmt das Volk nicht Theil,
Und England...
Morton (unterbrechend).
Schürt, und wärmt sich an der Flamme.
Randolph.
Wagt ihr's vorerst auf euren Kopf, dann später...
Lindsay.
Ich hoffte, wärmern Sinn bei Euch zu finden.
Randolph.
Noch einmal, Thaten sind mir untersagt.

Ruthven.

So lügen Englands gute Worte!

Randolph.

Herr! ...

(Trompetenstoß; Alle wenden sich nach dem Gerichtshof.)

Zwölfter Auftritt.

Die Vorigen. Herold (auf der untersten Stufe). Der Page (das Schwert auf dem Kissen tragend). Maria (gekrönt). Bothwell. Lethington. Huntly. Edelleute (auf den obersten Stufen, die zum Gerichtshof führen).

Herold.

Bürger von Edinburg! Die Lords des Gerichtes haben, in Abwesenheit des verzichtenden Klägers, den sehr edlen Grafen von Bothwell einstimmig für unschuldig erklärt. Platz Ihrer Majestät der Königin!

(Trompetenstoß.)

Maria
(oben stehen bleibend).

Vernehmt in Schweigen diesen Unsren Willen,
Ihr Unterthanen alle Unsres Reichs!
Auf daß Graf James von Bothwell, Unser werther
Großadmiral, die Stütze dieses Throns,
Durch volles Maaß der königlichen Huld
Entschädigt für die Unbill der Verleumbung
Dies Haus verlasse, wo sich seine Unschuld

So ruhmvoll kundthat, Unser fürstliches
Vertrauen, das er schon besaß, noch mehrend, —
Verleihen Wir hiemit dem Grafen Bothwell
Würde sammt Macht und Rechten eines Herzogs
Von Shetland und von Orkney.
(Bothwell kniet nieder; Maria winkt dem Pagen; leise zu Bothwell.)

Knie, Geliebter!

Zu Hause kniet die Königin vor dir.
(Sie nimmt das Schwert vom Kissen und berührt Bothwell damit.)

Auf, Herzog! Führen Sie des Reiches Schwert!
(Sie reicht es ihm.)

Lindsay.

Stirb, altes Schottland! Unsre Zeit ist um.

Maria.

Den Treuen Unsren königlichen Gruß.
(Sie tritt mit Bothwell und den Edelleuten in den Vordergrund, während Morton, Lindsay und Authorn nach dem Hintergrund rechts treten. Maria bewegt sich im Vordergrund nach rechts.)

Dreizehnter Auftritt.

Die Vorigen. Lady Locleven (verschleiert, tritt von rechts der Königin entgegen, die im Vordergrund rechts stehen bleibt, indem die Lady, sie bei der rechten Hand erfassend, zwischen sie und das die ganze linke Seite der Bühne einnehmende Volk in den Vordergrund zu stehen kommt).

Lady Locleven.

Maria Stuart! Der Gehorsam schweigt,
Allein der Dank muß sprechen: Hoffnung, Muth,

Verlerntes Lächeln selbst, gabst du mir wieder.
Laß deine Hand mich küssen, Trösterin!

Maria.

Wer seid Ihr?

Lady Locleven.

Eine Jammerreiche war ich:
In deiner Nähe wittr' ich Hoffnungsduft.
Ich danke dir für jede deiner Thaten,
Für jedes Samenkorn, das diese Hand
Den Furchen zuwarf, wo die Zukunft reift.
Erhört ist mein Gebet, das jeder Tag
Zum Ohr des Herrn seit zwanzig Jahren trug:
Herr, strafe, strafe bis in's vierte Glied!

Maria.

Laßt! Ich versteh Euch nicht! Laßt mich!

Lady Locleven.

Dich lassen?
Den eignen Schatten willst du von dir jagen
Beim Sonnenschein? Ich seh, du kennst mich nicht.

(Sie wirft den Schleier zurück.)

Die Stirn hier war einst glatt; dies Haar, nun grau,
Ward oft gestreichelt; sieh! aus diesen Augen
Strahlten Befehle; diese Lippen schwollen
Von seinen Küssen, und an dieser Brust ...
Kennst du mich jetzt?

Maria.
   Nein; laßt mich!
  Lady Locleven.
            ... hat ein König
Geruht zu ruhen; eines Königs Erben
Hat diese Brust gesäugt. Ja, starr mich an!
Ich bin der Fluch, der überm Hause Stuart
Die Flammengeißel der Vergeltung schwingt —
Und darum dank ich dir, daß du gesündigt,
Daß du der Ehe heilig Band zerrissen,
Daß du die Hände betend nicht kannst falten,
Weil Blut ...
       (Bewegung in der Menge.)
     Bothwell (unterbrechend).
   Kein Wort mehr, Närrin!
    Lady Locleven (zu Maria).
            Steige! Steige!
Du steigst zum Rand des Abgrunds: deine Krone
Seh ich schon wanken — (zum Volk) Seht!
     Maria.
          Meine Gefangne,
Lady Locleven!
    Lady Locleven (zum Volk).
   Aufruhr! Rache!
     Bothwell (sie anfassend).
             Wagt's!

Maria.

Ich klag Euch an der Lüge, der Verschwörung,
Der Majestätsbeleibigung, des Aufruhrs
Und Hochverraths auf Leib und Leben — Fort! —
Der trete vor, der nur zu murren wagt!

(Pause; sie will gehen.)

Vierzehnter Auftritt.

Die Vorigen. Knox (tritt links aus der Menge).

Knox.

Richtet nicht, auf daß Ihr nicht gerichtet werdet, sagt der Herr. Wie, Königin? Steht Euch die Stirn des Klägers an? und gerade heut, wo Ihr dem Ehebruch eine Herzogskrone aufsetzt? Geht in Euch, Königin, ehe Ihr den ersten Stein erhebt wider diese! Fühlt Ihr Euch frei von Sünde, wenn Ihr allein steht vor Gott dem Allwissenden?

Maria.

Erhebst du nochmals das besiegte Haupt?
Dem Ruhm nicht, dem Schaffott trägst du's entgegen.

Knox.

Es falle, schöne Herodias, wie das Haupt des Täufers! Weh aber dem, durch den ein Aergerniß über die Welt gebracht wird! Mit welchem Beispiel geht Ihr voran Eurem Volk? Nicht Knox fragt; es fragt die Stimme des Herrn. Warum lässest du den Leichnam deines Gatten in Vergessenheit vermodern? Warum kniest du vor den Götzen deiner Gelüste? Warum?

Maria.

Ergreift ihn!

Lady Bothwell
(hinter der Bühne).

Platz! Da steht er — purpurroth!
(Alle wenden sich von Knox ab, der Auftretenden zu. Die Bewegung im Volk wächst allmälig.)

Fünfzehnter Auftritt.

Die Vorigen. Lady Bothwell (bleich und verstört, von links auf Bothwell zu, der die Lady Locleven losläßt).

Lady Bothwell
(leise, sich irr umsehend).

Sagt Niemand, daß ich Bothwells Gattin war! Es hat mir mein armes Hirn verwirrt. Ach! ich kann sie nicht festhalten, die tanzenden Schatten, die fliegenden Lichtstreifen; sie schwimmen so sonderbar hin und her, die Gedanken. (Zu Bothwell.) Du mit dem Schwert in der Hand, bist du Henker geworden? Ich muß dich kennen — o mein Kopf! Es schmerzt mich, ihn so auseinandergehen zu fühlen; könnt ich ihn nur noch ein Mal zusammenhalten! (Sie hält ihre Stirn mit beiden Händen fest). Ich bin die Lady Bothwell — ach! ich könnte noch mehr erzählen, wenn nur ...

Bothwell.

Führt sie hinweg!

Lady Bothwell.

Hinweg?! Schon ein Mal haft du
Mich weggeschickt. Ja — ja, jetzt kenn ich dich. —
Wartet einen Augenblick! Das hier ist die Königin. Die Gedanken, die flatternden Sturmvögel mit
den breiten Fittichen, sie lassen sich nieder. Wartet nur
einen Augenblick! Von Zeit zu Zeit geben sie schon
Ruhe; auch jetzt ...

(Sie bedeckt sich das Gesicht mit den Händen.)

Lady Locleven.

Sturmvögel? Ja! Sie flattern um dein Schiff —
Glückliche Fahrt, Maria Stuart!

Bothwell
(zu Maria, die in sich versunken dasteht).

Fort!

Lady Bothwell (aufblickend).

Nein, nein! nicht jetzt!

(Sie sieht sich um.)

Knox.

Die Lebendigen stehn auf, um zu zeugen vor dem
Richterstuhl Gottes.

Lady Bothwell.

Jetzt seh ich hell! — Ich weiß, warum ich kam
Weit aus den Bergen... (zu Bothwell) O wie liebt ich dich!

Die Einsamkeit hat mir das Herz zerdrückt.
Sie sagten mir — ja! —; daß du Diese liebst —
Ach! darum muß ich krank sein ... Aber dann —
Dann sagten sie, daß du ein Mörder bist —
  Bist du ein Mörder? Sprechen sie wahr? (weinend)
Ist es wahr, daß du dein Seelenheil eingebüßt hast?

Sechszehnter Auftritt.

Die Vorigen. Lennor (von links, sich durch die Menge
   Bahn brechend).

Lennor
(mit flatterndem Haar).

Wer zweifelt, wer? daß ich ihn niederdonnre,
Ich, Darnley's Vater, mit der Wahrheit Schrei!

Knox.

  Die Todten stehen auf aus ihren Särgen und er=
heben die Hände zum Allgerechten."

Lennor
(zu Maria und Bothwell).

Euch klag ich an! Verzweifelnd will ich schmachten
In ewiger Verdammniß, wenn ich nicht
Die Wahrheit zeuge.

Bothwell
   Ha! das Tollhaus speit
Den Wahnsinn aus in Schaaren.

Lennox.

          Mörder! Mörder!

Bothwell.

Hier steh ich schweigend wie das Riff im Sturm:
Springt an, ihr Wellen, bis zu meiner Stirn,
Und prallt zurück gebrochen!

Lady Bothwell.

                Also wahr?
(Zu Maria.)
Und du, die Alles, Alles mir entrissen,
Die selbst sein letztes Mitleid mir geraubt,
Die mich verdammt zur Gluth der ewgen Thränen,
Die mir die Fassung aus dem Hirn gejagt,
Du gabst ihm nicht das Glück, und hast ihn nur
Zum Mörder machen können?

Lady Locleven
(auf Maria deutend).

          Hört sie schweigen!

Lady Bothwell.

O armes Weib! (zu Bothwell) Du aber, falle nieder,
Und bete, daß sie dich nicht tödten! Bete!

Bothwell.

Zurück, sag ich!

Lady Bothwell.

          Dein Weib wird für dich bitten.
(Zum Volk.)
Erbarmt euch meines Gatten!

Bothwell.
Still!

Lady Bothwell.
Dein Weib...

Bothwell (unterbrechend).
Hinweg, du Rasende! Den Bund zerreiß ich,
Geh! Nimm den Ring zurück! Wir sind geschieden!

Lennox (zum Volk).
Wer von euch weinte nie? Wer trägt im Busen
Ein Herz von Stahl und ein Gemüth von Eis?
Ich will ihm meinen Schmerz in's Innre bohren,
Und Ströme soll er weinen — weinen? Wüthen,
Wenn ich ihm sage, wie Despotenfrechheit
Hier höhnt die heilige Gerechtigkeit.
Volk, man betrügt dich: eingeschüchtert wurden
Die Zeugen; die Verhandlung des Gerichts
Ward wie ein Küchenzettel abgekartet.

Knox.
Volk Schottlands, laß die Gerechtigkeit nicht zum
Gaukelspiel werden in den Händen der Gottlosen!

Lennox.
In eure Vaterhände legt ein Vater
Sein Heiligstes, sein Recht und seinen Jammer.

Knox.
Beschämt ihr Kleinen die Großen, die da zitternd
sich verkriechen vor der Gewalt!

Stimmen im Volk
(von links).

Ja — Es ist himmelschreiend — Still! — Doch! — Ja!

Lady Bothwell,
(welche die Zeit über wie versteinert dagestanden).

Wenn ich nur wüßte, — warum ich so oft weinen muß ... Wie kam ich hierher? Was wollt ihr Alle von mir? O laßt mich fort, fort in die grünen Wälder! Ich will mich mit der Einsamkeit unterhalten. Liebe Leute, hier habt ihr Geld; kommt, führt mich nur hin in's Land der schönen Märchen! Bitte, bitte, nur schnell! ... O ihr frommen Mädchenträume! ...

(Während sie abgeht, sind Morton, Lindsay und Ruthven aus dem Hintergrund rechts in die Mitte des Vordergrunds zu Knox, Lennox und der Lady Lorlebon vorgetreten.)

Morton.

Nein, Knox; wir zittern nicht; spart Euren Hohn
Für Andre!

Lindsay.

Königin, die Hand die Diesen
Zum Herzog krönt, beleidigt unser Recht.

Ruthven

Versiegelt und verbrieft; wir wurden schnöde
Getäuscht; wir dulden keine Tyrannei.

Morton.

Den königlichen Prinzen werd ich nie
Ausliefern.

Maria.

Nie, Graf Douglas Morton? Nie?

Lindsay.

Bothwell soll ihn nicht morden.

Ruthven.

Nieder, nieder
Mit dem Tyrannen!

(Große Bewegung im Volk.)

Bothwell.

Die Verachtung schweigt.

(Er wendet sich ab, und spricht mit Hastly; Hastly ab nach rechts.)

Morton (zu Maria).

Gebt Antwort! Wollt Ihr diesen Mann entfernen?

Maria.

Da ihr fast drohend Antwort heischt, so hört!
Ihr wollt, Mylords, daß diese Krone hier
Nicht mehr in Allmacht strahle, daß ich heut
Nachgebe jedem Wunsch, daß ich den Haß,
Der allenthalben anstürmt wider ihn,
Befriedige? Wohlan! (Ihre Krone abnehmend) Weil ihr's so
bringend
Begehrt, vernehmt, was ich anjetzt beschloß:
Den Herzog hier, weil man von mir ertrotzt,
Daß ich ihn stürze und verbanne, mach ich
Zu eurem König. (Bothwell die Krone aufsetzend) Huldigt auf
den Knien!

Morton.

Nie! Lieber Krieg auf Leben und auf Tod!
(Trompeten von rechts.)

Maria.

Hört ihr? Zur Unzeit wurdet ihr Rebellen.
Kniet nieder, sag ich, denn die Macht ist mein!

Knox.

Die Macht ist Gottes, der Ehebruch und Gatten=
mord bei Königinnen straft wie bei Bettelweibern.

Bothwell
(das Reichsschwert schwingend).

Bube!
(Die Schwerter werden auf beiden Seiten gezogen.)

Lady.Locleven.

Die Macht ist Gottes, der die Macht
Der Jezabel den Hunden vorwarf.

Bothwell
(rechts in die Coulisse rufend).

Huntly!

Erster Bürger (zu den Lords).

Wir lassen euch nicht morden.

Stimmen im Volk.

Nein — nein!
(Sie drängen sich um die Lords.)

Bothwell (in die Coulisse).

Kehrt mir die Straßen rein!

(Hamilty mit rechts auf mit Bewaffneten.)

Morton
(mit den Andern nach links zurückweichend).

Hier weichen wir
Der Uebermacht. Auf Wiedersehn da draußen!

Maria.

Ich folg euch nach mit zwanzigtausend Mann.
Zittert! Wer kämpft mit euch, ihr Thoren?

Lennox.

Mehr
Als zwanzigtausend — eine blutge Leiche.

(Der Vorhang fällt.)

———

Fünfter Aufzug.

(Carberry-hill: das Innere einer Hütte; Tisch und Stuhl. Gegen Mitte des Aufzugs fängt die Abenddämmerung an hereinzubrechen, so daß der letzte Auftritt im Halbdunkel spielt.)

Erster Auftritt.

Maria. Bothwell. Randolph.

Bothwell.
Ich also bin der Zielpunkt ihres Hasses?

Randolph.
Nur Eine Stimme in des Feindes Lager.
Sie nennen sich die treuen Unterthanen
Der Königin. Wir führen Krieg, sprach Morton,
Nur mit dem Herzog.

Bothwell.
        Plump gemeiner Neid
Der Ohnmacht, die nicht selbst das Ziel erreichte.
Wohlan! der Waffenstillstand daure fort!
Errichtet Schranken zwischen beiden Heeren!

Maria.

Du willst? ...

Bothwell.
Lord Lindsay's Vorschlag nehm ich an.

Maria.
Den Zweikampf? Nein! ich lasse dich nicht sterben.

Bothwell.
Ich will ihn kämpfen, will mich nicht verbergen
Hinter Trabanten.

Maria.
Mir gehört dein Leben;
Es kann nicht sein.

Bothwell.
Ich bin es gründlich satt,
Dies Schachspiel hin und her durch Berg und Thal.
Mit eigner Faust will ich mein Loos mir schaffen.
Sie sollen sehn an meines Armes Wucht,
Daß er die Kraft besitzt, sie zu beherrschen.
Melden Sie das den Lords!

Maria.
Nein, eher stürze
Die offne Feldschlacht trennend zwischen euch,
Und hindre dies Beginnen!

Zweiter Auftritt.

Die Vorigen. Huntly.

Huntly.

Majestät ...

Maria.

Man soll zum Angriff blasen, augenblicklich! —
So eilen Sie!

Huntly.

Die Feinde scheinen uns
Zuvorzukommen, denn sie nahten unsren
Vorposten schon auf Büchsenschuß.

Maria.

Schlagt los!

Huntly.

Vernehmlich Murren zieht durch unsre Reihen:
"Kein Blutvergießen! Keinen Bürgerkrieg!"
Sie wissen um Lord Lindsay's Fordrung ...

Maria.

Memmen!
Wenn nicht Verräther, wie Lord Lethington.

Huntly.

... und bringen auf den Zweikampf beider Führer.

Maria.

Ha! waltet hier ein Zauber?

Huntly.

In der That:
Der Feinde Banner, König Darnley's Leiche
Vorstellend, über dem Rebellenheer
Hoch aufgerichtet, wie ein stumm Gespenst
Den Unsren drohend, scheint die Muthigsten
Mit Zweifeln, ja mit Grausen zu erfüllen.

Bothwell

Sir Randolph, fort! Der Zweikampf! Es hat Eile.
(Randolph ab.)
Ich aus dem Feld geschlagen durch Gespenster?
Ich, ich statt Männern einem alten Weib,
Dem Aberglauben, unterliegen? Pfui!
Ein Mann wie ich an Ammenmärchen sterben?
Pfui über solch ein Ende! Krieg und Tod!
Mit Lindsay's Blut will ich die Teufel ihnen
Austreiben. (Zu Huntly.) Lassen Sie den Zweikampf laut
Ankündigen! (Ihm nachrufend) Graf Huntly, schicken Sie
Mir Hubert her, daß er mich waffne!
(Huntly ab.)

Maria.

Nein,
Ich kann den Schrecken um dein theures Leben
Nicht tragen. Hetzen will ich diese Memmen
Zum Angriff durch das Lodern meiner Worte,
Als gähnten Feuerschlünde hinter ihnen,
Mit Kugelregen bis zur Mündung voll.

Dritter Auftritt.

Bothwell. Hubert.

Bothwell.

Schnall mir den Harnisch an! *(Hubert gehorcht.)* Du eilst
sofort
Nach Edinburg zum Festungskommandanten.
Er führt dich in's Gewölbe — hier die Schlüssel!
Das Weitere weißt du.

Hubert
(mit zitternder Stimme.)
Herr, es soll geschehen.
(Pause.)

Bothwell
(in Gedanken, während Hubert ihn waffnet).

Seltsam! ... *(zu Hubert)* Nicht fest genug. — Wo sah
ich das?
Im Traum? ... Nein — Ah, auf meiner letzten Reise
Nach Schottland — ja! zu London im Theater —
Im neusten Trauerspiel von Meister William:
Da ließ ein König auch zum Kampf sich waffnen
Wie ich — so stand er da — zum letzten Kampf.
Das Stück hieß Macbeth — auch ein Königsmord.
Wird denn auch in der Weltgeschichte Lauf
Dasselbe Stück zuweilen wiederholt,

Nur mit verschiebnen Spielern? ... Schwärmerei!
(Er richtet sich auf.)
Fort, Hubert, fort! (Hubert ab.) Nein, ich verzage nicht:
Das Einzge, was mich unverächtlich dünkt,
Die Unabhängigkeit, zu der ich blutig
Emporstieg aus der Menschen Sklaventroß,
Die soll ich kämpfend wahren — Muth, mein Herz!
Großmächtig ragt schon wer dies Gut errang;
Es trotzt allmächtig, wer dies Gut vertheidigt.
Lord Lindsay, du bist todt
(er will gehen.)

Vierter Auftritt.

Bothwell. Maria. Huntly.

Maria (im Gespräch).
So wären wir
Verloren?

Huntly.
Abgeschnitten ist der Rückzug
Nach Dunbar.

Bothwell.
Was ist das?

Huntly.
Wir sind umzingelt.
Der Feind hat diesen Hügel unbemerkt
Umgangen.

Maria.
Und die Truppen schwören laut,
Daß keiner einen Schwertstreich führen will.

Bothwell.
Der Zweikampf aber?...

Huntly.
Wird er wohl gestattet,
Da schon der Würfel der Entscheidung fiel?

Maria (zu Huntly).
So sammeln Sie die königliche Wache!
Wir schlagen uns nach Dunbar durch den Feind,
Und dort zerschellt sein Sieg an unsren Wällen.

(Freudengeschrei hinter der Bühne.)

Fünfter Auftritt.

Die Vorigen. Randolph.

Maria.
Was soll der Lärm?

Randolph.
Die königlichen Truppen
Werfen die Waffen weg, und schließen Frieden
Mit den Rebellen. Allgemeiner Abfall
Reißt selbst die königliche Wache mit.

Maria (tonlos).

Verlassen — ganz verlassen.

Bothwell.

Ha! den Tod
Will ich mir trinken in der Schurken Blut!

Randolph.

Hören Sie meine Botschaft erst! Noch bieten
Die Lords Versöhnung ihrer Königin.
(Zu Maria.)
Sie können Macht und Größe sich erhalten
Ganz unverkürzt, gewähren Sie nur eins.

Maria.

Was fordert man von mir?

Randolph.

Graf Morton schwört
Auf's Sakrament im Namen aller Lords,
Daß jeder sich als treuer Unterthan
Gehorsam fügen wird in Ihren Willen
Wie früher, und daß Ihres Gatten Leben
Geschont soll werden, wenn Sie ihn für ewig
Aus diesem Land verbannen.

Maria.

Ihm entsagen?!

Randolph.

Sofort und rückhaltslos.

Maria.
Nie!

Randolph.
Königin,
Wenn Sie sich weigern — Morton schwört auch das —
Ist Ihr Gemahl gewissem Tod verfallen
Und Sie Gefahren, die er bringend heißt.
(Kurze Pause.)
Um augenblickliche Entscheidung bitten
Die Lords.

Maria.
Gewisser Tod — Entsagen? — Sir,
Wie find ich Antwort, wie soll ich entscheiden,
Wenn Noth und Staunen mir den Sinn umwölkt?
Gewisser Tod — Verbannen — Die zwei Worte,
Sie wälzen sich betäubend mir durch's Herz.
(Fortwährend.)
Ich muß mich sammeln. Warten Sie!
(Bothwell will mit Randolph und Huntly gehen.)
Nicht du!
O nein, nicht du.
(Wachsender Tumult hinter der Bühne.)

Sechster Auftritt.

Maria. Bothwell.

Maria
(nach langer Pause.)
Sie wollen dich ermorden —

Entsetzlich! und ich schwanke noch und wähle?
Rette dein Leben! Flieh!

     Bothwell.
       Du heißt mich fliehen?

     Maria.
Um dich zu retten. Schmerz der Trennung spaltet
Mein Herz; doch du mußt leben. Ein Mal schließe
Mich noch an deine Brust, und dann ...

     Bothwell.
        Maria!
Bis in der Knochen Mark durchschau ich dich.

     Maria.
Noch ist es Zeit. Laß ihnen nicht die Muße,
Sich anders zu besinnen! Schnell zu Pferd —
Nach Dunbar!

     Bothwell.
  Ich versteh.

     Maria.
       Wir sehn uns wieder.
Auf Mittel sinnen werd ich Tag und Nacht.
Erhalte mir dein Leben!

     Bothwell.
    Sorge nicht!
Was mühst du dich so sehr nach guten Gründen?

Nur Muth! Sprich's aus in unverblümten Worten,
Daß du schon, meiner überdrüssig, gähnst
Nach neuem Zeitvertreib.

Maria.

Halt ein — halt ein!
Mein Elend schone! Glaube meinen Thränen,
O du mein grausam Alles!

Bothwell.

Deinen Thränen?
Willkührlich trügerische Wasserkünste
Der Flattersucht, die dir im Herzen spielt.

Maria.

So glaub dem Blut, das ich für dich vergoß!

Bothwell

Nicht mir, der Laune nur hast du geopfert.

Maria.

Bis in's Verbrechen war mein Herz dir treu.

Bothwell.

Wem warst du nicht auf ein paar Stunden treu?

Maria.

Weh, weh mir, Dämon, kalter Peiniger,
Daß ich in Liebe muß zu dir verschmachten,
Verfallen einem lechzenden Gefühl,
Das mich geheimnißschaurig an dich kettet!

Bothwell.

Von dieser Qual befrei ich dich — sei froh!
Ich geh; doch nicht dem Bettelmörder gleich,
Der sich die Thür läßt weisen durch Gewalt,
In ein entehrendes Exil — nein aufrecht
Mit nacktem Schwert in einen stolzen Tod.

Maria
(sich an seine Brust werfend).

So nimm mich mit! Wenn dich mein Flehen nicht
Bewegen kann, zu leben, schling den Arm
Um meinen Leib, den Degen in der Rechten,
Und so hinaus, bis mich der Mordstahl trifft
An deiner Seite! Wenn ich mit dir sterbe,
Dann glaub mir, daß ich nur für dich gelebt! —
Was zauderst du? Komm, führ dein Weib zu Bett!

Bothwell.

Nimm dich in Acht! ich nehme dich beim Wort.

Maria.

Hinaus in's Grab! Soll Ich den Weg dir zeigen?

Bothwell.

Denk an des Grabes Schauer, schwaches Weib!

Maria.

Ich schwach in deinem Arm? O höhne nicht,
Wenn schon des Todes Flügel uns umrauschen!
Komm!

Bothwell.

O so liebst du wirklich? Dein Gefühl
War mehr, als Spielerei des Eigensinns ...
Die Rinde der Verachtung fühl ich schmelzen.
Hab ich die Welt nicht ganz gekannt? Es löst sich,
Wie sinkend kalte schwarze Kerkermauern,
In meinem Innern Etwas.

Maria.

Todesboten —
Wie Seligkeit umweht's schon meine Seele.

Bothwell.

Dich jetzt verderben? Nein, du sollst nicht sterben!
Nein, keinen Undank ... Weib, wir fanden uns
Zu spät. O weine, daß wir uns nicht trafen
In unsrer Seelenjugend; doch zu spät ...
Selbst Göttermacht vermöchte nichts mehr über
Vergangenes — ich weiß es, aber Wehmuth,
Wie ich selbst ehmals sie wohl nie empfand,
Weht mich jetzt an, da ich dich lassen muß.
Lebwohl, Maria, lebe!

Maria.

Ja, Geliebter!
Jetzt da die Zärtlichkeit erstandner Jugend
Dich überschleicht, jetzt dürfen wir nicht sterben,
Denn Wonnezukunft keimt aus den Ruinen
Der Gegenwart. Entflieh, bis ich hier siegend

Zurück dich rufe — Was erfände nicht
Die Liebe? — Flieh, auf Ewigwiederfinden!
(Bothwell lacht laut auf.)
Dir scheint's unmöglich?

Bothwell.
Mich dünkt Alles möglich,
Da mich ein Augenblick zum Faseln brachte.
Macht mich das Alter kindisch? Ha! zu toll
Ist dieser Anfall von Empfindelei.
Du könntest lieben? War ich taub und blind?
O nein, du schlägst nicht aus der Art der Weiber.
Gottlob, daß die Vernunft mich wieder stärkt!
Du lieben? Deine Liebe war nur Reiz,
Gespornter Reiz gekränkter Eigenliebe,
Die sich allsiegreich wähnte, und, enttäuscht,
Sich selbst berauschend durchging, keinem Zügel
Mehr unterthan. Hätt ich dir damals Liebe
Statt Trotz geboten, schlief ich heut schon längst
An Darnley's Seite in Vergessenheit.
(Maria will sprechen.)
Warum du treu bliebst? Nur, weil ich dich quälend
Beschäftigte, dich fern hielt einem Glück,
Das ich Enttäuschter dir nicht spenden konnte,
Und das für euch, habt ihr's einmal erreicht,
Sich nach zwei Tagen auflöst in Langweile;
Und dieses Launenspiel, das sich nach Regeln
In Scene setzen läßt wie eine Posse,

Das nennt Ihr Liebe? Treue? O die Welt
Ist nur ein Trödelmarkt erlogner Phrasen.

Maria.

Du lügst.

Bothwell.

Zurück! Für Andre spielt Komödie!
Ich bin ein unersprießlich Publikum.

Siebenter Auftritt.

Die Vorigen. Randolph.

Randolph.

Die Lords ...

Bothwell.

Ich komme.

Maria.

Nein, du darfst nicht sterben!

Bothwell.

Ich will's nicht mehr. Sie sollen sich nicht rühmen,
Daß ich verzweifle; diesen kleinen Lords
Will ich die Freude meines Tods nicht gönnen —
Wiewohl er mich Erlösung dünkt, denn mir
Bleibt nichts, woran mein Wunsch sich heften möchte,
Und eine Marter ist's, mit leerem Herzen,
So ganz vernüchtert, durch die schale Welt,

Aus der nur Ekel der Erkenntniß gähnt,
Sich müdzuschleppen, thatenlos, zum Grab,
An dieses Selbstbewußtseins schwerer Last.
Kein Wort mehr — lebewohl! Ich bin zu Ende.
(Ab mit Randolph.)

Maria.

Er geht in Groll: verachte mich und Alles —
Ich lieb dich doch! Der höhnend bleiche Lästrer
Höhnt mir nur Mitleid zu; ich lieb ihn doch.

Stimmen (hinter der Bühne).
Nieder mit dem Mörder!

Maria
(an's Fenster eilend).

Der edinburger Pöbel schreit um Rache —
Weh mir! — Lord Lindsay spricht — Er steigt zu
Pferd —
Platz! Platz! — Dahin in sausendem Galopp! —
Er ist gerettet — O fahr wohl! fahr wohl!

Achter Auftritt.

Maria. Randolph (kommt zurück.)

Randolph.

Die Lords ersuchen Ihre Majestät
Um gnädiges Gehör.

Maria (am Fenster).

Die Lords? — Gerettet —
Sie mögen kommen! — (Randolph ab.). O mein ganzes Herz
Jagt mit dir fort. Da biegt er um die Ecke.
Ich seh ihn nicht mehr; weh! ich seh ihn nicht.
(Sich vom Fenster abwendend.)
Die Lords... Was thu ich? jetzt wo's Alles gilt?...
(Sie setzt sich an den Tisch, und stützt den Kopf auf die Hand.)

Neunter Auftritt.

Maria. Morton. Lindsay. Ruthven. Edelleute (treten vor). Lethington. Lennox. Randolph. Lady Lochleven (mit einigen Andern im Hintergrund, wenig sichtbar).

Morton.

Erhabne Königin, dir huldigt Schottland
Zum zweiten Mal.

Maria.

Grafen und Lords, willkommen!
Auf meines Adels Bitten ging ich ein,
Aus Furcht nicht, denn die fürstliche Person
Steht über der Gefahr am Throne Gottes, —
Doch weil mein mütterlicher Sinn sich sträubte
Vor Schottenblut im Bruderkrieg verspritzt.
Ich werde künftig Ihren Rath begehren
In Angelegenheiten dieses Reichs;
Sie bringen heut, dem Schwur der Treue treu,

Die volle Lieb und Ehrfurcht, die der Lord
Dem angestammten Herrscherhause schuldet —
Ich hoff es zuversichtlich — mir entgegen.

Morton
(sich auf ein Knie niederlassend).

Im Namen Aller schwör ich dir, o Fürstin,
Schutz und Gehorsam zu.

Alle (mit erhobener Hand).

      Schutz und Gehorsam!

Maria.

So gieße diese Stunde ewgen Frieden
Ueber mein ganzes Reich!

Morton (aufstehend).

     So sei's!

Alle.

       So sei's!

Maria.

Und nun, um Jedem deutlich zu beweisen,
Daß dieser Zwist für immerdar erlosch,
Entlaß ich, meine Wache ausgenommen,
All meine Truppen. Folgen Sie, Mylords,
Dem Beispiel! Nur Entwaffnung bürgt für Frieden.

Morton.

Es soll geschehn, sobald Graf Hamilton,
Der abgesondert, drohend fast, verharrt

In seinen Bergen, uns Gewähr geleistet,
Daß er auch sich in's heut Beschloßne fügt.

Maria.
Ich will den Grafen Huntly zu ihm senden,
Mit Friedensbotschaft, daß Ihr letzter Zweifel
Verstumme!

Morton.
Majestät, wir bitten, Einen
Der Unsern zu betrauen mit der Sendung,
Denn uns war Graf von Huntly nie gewogen.

Maria.
Ihm jetzt mißtrauen, hieß' auch mir mißtrauen.

Morton.
Davor bewahr uns Gott!

Maria.
Verdienen Sie
Auch Mein Vertrauen! Kommen wir einander
Wie alte Freunde halben Wegs entgegen!
Ich sende Sie zum Grafen Hamilton,
Wenn Sie die Streitmacht, die mich hier umringt,
Entfernen.

Morton.
Sie zu schützen bleibt sie da.

Maria.
Zum ersten Mal erprob ich den Gehorsam,

Den Sie mir zugeschworen, und schon zwei Mal
Stoß ich auf Widerspruch. Ich wiederhole
Den Wunsch.

     Morton.

    Das Volk der Hauptstadt strömt hierher,
Erhitzt und aufgebracht.

     Maria.

     Mich schützt die Krone;
Drum nochmals, lösen Sie die Truppen auf!

     Morton.

Wir bitten bringend, Alles zu verlangen,
Nur nicht, was Ihrem Ansehn jetzt nicht frommt.

     Maria.

Ihm frommt Ihr Schutz, der aufgedrungne, nicht.

     Morton.

Bestehn Sie länger drauf, uns zu entwaffnen,
So lebt bei Freunden selbst der Argwohn auf,
Daß Sie mit dem Vergangnen nicht gebrochen.

     Maria.

Wer wagt's mir meine Absicht vorzuschreiben?

     Morton.

Noch Keiner.

     Maria.

    Jetzt, so lang man mich bewacht,

Gefangen hält, nicht wahr? nachdem man schwur,
Mir zu gehorchen?

Morton.

Wir gehorchen Alle,
Sowie des Unheils Quell, die blinde Liebe,
Woran sich Bothwells Herrschaft großgenährt,
Die Rechte keines Freien mehr gefährdet.

Maria.

Wer gab ein Recht euch über meine Seele?
Ihr habt verlangt, daß ich den Mann entferne,
Den ihr einst schuldlos spracht, um dessen Gunst
Ihr einst geworben wie um Königsgunst,
Um dann ihn sonder Fug und Recht zu ächten.

(Mißbilligende Bewegung unter den Edelleuten.)

Ich gab euch nach; allein dem frechen Blick,
Der bis in mein tiefinnerst Ich sich drängt,
Und, sich zum Richter über mein Gefühl
Aufwerfend, sich erdreistet, mir zu sagen:
Du sollst nicht lieben, — solcher Anmaßung
Schleudr' ich statt einer Antwort ... Reizt mich nicht!

Morton.

Sie sprechen da gefahrvoll schwere Worte,
Als wirkte noch der schlimme Zauber fort.

Maria.

Und wenn er ewig fortwirkt, hört ihr, ewig?

Wenn ich's bekennen, wenn ich's jubeln will
Durch alle Welt: Der Herrliche, der jetzt
Davonjagt, unerreichbar eurer Wuth,
Ich lieb ihn glühender, als ihr ihn haßt,
Und all mein Trachten fluthet auf zu Einem
Gefühl, zu Einer Hoffnung: Wiedersehn —
Was wagt ihr eurer Königin zu sagen?

Lindsay.

Daß sie auf Rache sinnt und Bürgerkrieg,
Statt ihr gegebnes Wort getreu zu halten.

Ruthven.

Daß wir auf Scheidung dieser Frevelehe,
Auf Aechtung bringen müssen eines Mörders ...

Lennox (vortretend).

Nehmt meinen Arm! Schmach auf mein weißes Haar,
Wenn ihn der Vater nicht erreicht! Zu Pferd!

(Ab mit Einigen.)

Morton.

Sonst gibt's in Schottland keinen Frieden mehr.

Maria.

Ewige Trennung? Eh ich's unterschriebe,
Hieb' ich die Hand mir ab. O falsch gerechnet!
Mich schüchtert roher Uebermuth nicht ein.
Ihr wollt mich knechten, weil ich euch vertraute?
Ich warn euch Alle.

Morton.

Lassen Sie sich warnen!
Die Kraft ist unser, einen Trotz zu brechen,
Der sich verrechnet.

Maria.

Drohung? Stolz und Ehre,
Werft hin das Bettlerkleid der Mäßigung,
In das ich euch gezwängt, und sprecht zu Buben
Wie man zu Buben spricht!

Ruthven.

Himmel und Hölle!

Lady Locleven
(vortretend).

Glaubt ihr mir jetzt?

Lindsay.

Der Augenblick ist da

Maria.

Verräther, wißt ihr nicht, daß euch mein Haß
An Riccio's Leiche schon Verderben schwur?

Morton.

Sie suchen Ihres.

Maria
(seine Hand ergreifend).

Ha! bei dieser Hand,
Die Meineid auf euch lud und Hochverrath,

Bekomm ich beinen Kopf und beinen, Ruthven,
Und beinen, Lindsay. Narren! ihr frohlockt,
Daß ihr in einen Kerker mich gelockt?
Frei ist die Königswürde wie der Blitz:
Wo man sie fesseln will, da schlägt sie ein.

(Lautes Murren.)

Morton.

So schmettre denn der Blitz auf dich herab!

Maria (höhnisch).

Womit könnt ihr mir drohen?

Morton.

     Lethington!

Maria.

Der kroch ja gestern noch zu Meinen Füßen.

Morton.

Lesen Sie den beschworenen Vertrag!

Lethington
(ein Dokument entfaltend).

„Im Fall sich die Königin als unversöhnlich er=
weisen sollte, wird sie angehalten werden, zu Gunsten
ihres Sohnes und, bis zu dessen Großjährigkeit, des
zum Regenten bestellten James Stuart, Sohn des ver=
storbenen Königs und der Lady Locleven, die Krone
niederzulegen. Ferner soll die Königin …

Morton (unterbrechend).
Jetzt unterschreiben Sie!
(Er legt ein anderes Blatt, welches ihm Lethington reicht, auf den Tisch.)

Maria.
Dein Todesurtheil,
Sonst nichts.

Morton.
Sie weigern sich?

Maria.
Das wundert euch?
Dem Lächeln der Verachtung weicht mein Zorn.
(Morton winkt; Lethington geht hinaus.)
Ihr wollt die Krone nehmen mir vom Haupt?
Heran! Zur Fürstin hat mich Gott gemacht,
Und ich bin eins mit meiner Königswürde.
Sie heiligt mich: geheiligt ist mein Haupt,
Ein jedes Haar auf meinem Haupt geheiligt.
Da wo ich stehe, steht das Königthum;
Da wo ich wandle, wandelt Gottes Wille.
Wer tritt mir in den Weg?
(Sie will gehen.)

Zehnter Auftritt.

Die Vorigen. Lethington (kommt zurück mit) Hubert
(von Bewaffneten geführt).

Morton.
Der feige Knecht,

Den wir ergriffen, abgesandt vom Mörder,
Um Briefe zu zerstören und Beweise,
Die Sie verdammen. Er gestand uns Alles.
Wir klagen Sie des Gattenmordes an
Auf Leib und Leben, wenn Sie dieses Blatt
Nicht unterschreiben.
<small>(Er hält ihr mit der einen Hand die Feder entgegen, und bezeichnet mit der Andern die Stelle auf dem Papier.)</small>

Maria.

Niemals!
<small>(Tumult des Volkes hinter der Bühne.)</small>

Morton.

Wählen Sie!
Die Unterschrift — wonicht, das Blutgerüst.
<small>(Maria steht einige Sekunden unschlüssig; dann tritt sie langsam auf den Tisch zu, wo Morton sie regungslos erwartet.)</small>

Morton
<small>(nachdem sie unterschrieben, das Haupt entblößend).</small>
Lang lebe Jakob der Sechste, unser König!
<small>(Ein dreimaliges Hoch. Maria zuckt zusammen. Pause.)</small>

Maria
<small>(vom Tisch aufstehend).</small>
Mylords, ich will zu Schiff nach Frankreich reisen.
Jetzt trennt mich nichts von meinem Gatten mehr,
Denn ich bin arm wie er, wie er entwaffnet.

Morton.
Von jener Lady werden Sie vernehmen,
Was ferner noch des Staates Ruh erheischt.

(Zu den Lords.)

Wir brechen auf vor Nacht — nach Edinburg.

(Alle ab, außer Maria und Lady Locleven; die Lady bietet ihr den Stuhl an, und stellt sich neben sie.)

Lady Locleven.

Weitab vom Treiben lebensfroher Menschen
Trauert ein unergründlich tiefer See
In eines Bergwalds Schatten eingesargt,
Ein stiller Ort zum Beten und Gedenken.
Die schwarzen Föhren spiegeln ihren Gram
Im unbeweglich starrenden Gewässer,
Aus dessen Schooß sich eine Burg — Locleven —
Mehr einem Kloster gleich, als einem Schloß —
Verwittert aufthürmt in dem Nebeldunst,
Erreichbar nur dem Nachen, der zuweilen
Die träge Fluth aus dumpfem Brüten schreckt.
Der seltne Wandrer, den der fahle Flimmer
Des Mondlichts an das Ufer lockte, stiert
Vor Grausen fröstelnd, hört er dort die Wipfel
Im Nachtwind ächzen wie gequälte Seelen
Von abgeschiednen Sündern. Bald wird wieder
Die träge Fluth von Ruderschlägen stöhnen;
Das Burgthor wird die rostgen Flügel öffnen,
Und, unerbittlich wie des Grabes Pforte,
Sie schließen hinter einem Dasein ...

Maria.

Himmel!
Wär's möglich? Nein!

Lady Locleven.
Mein Gast, Mylady Stuart.

Maria.
Mir diesen Kerker? Gott! bin ich nicht wehrlos,
Noch nicht entblößt genug?

Lady Locleven.
Die Lords beschworen's,
Euch festzuhalten, um vor ewgen Ränken,
(bitter)
Worin schon Eure Mutter Meistrin war,
Dies Reich auch ewig zu bewahren.

Maria.
Wie?
Versteh ich recht — auf ewig? bis zum Tod
Soll ich gefangen schmachten?

Lady Locleven.
Bis zum Tod.

Maria.
So tödtet aus Barmherzigkeit mich gleich!

Lady Locleven.
Gott fordert Leben. Wagt Euch nicht heran
Zum Richterstuhl mit ungebüßter Schuld!
Nicht eitler Hoffnung öffnet mehr das Herz!
Der Willkür und der Weltlust sagt lebwohl,
Denn hüten werd ich Euch wie Euer Schatten,

Und unerbittlich ist der Schwur der Lords;
Drum nochmals, hofft auf Niemand, außer Gott!
<small>(Ab.)</small>

<small>Maria
(aufspringend).</small>

Entsetzlich! Vor Entsetzlichkeit unmöglich!
Weckt Keiner aus dem Schreckenstraum mich auf? —
Ich träume nicht — o Gott! ich träume nicht.
<small>(Sie stürzt nach der Thür, und reißt sie auf. Soldaten bewachen den Eingang. Hinausrufend.)</small>
Hört mich, Mylords! Erlaßt mir diese Hölle! —
Ich will mich fügen — hört mich! <small>(zu den Soldaten)</small> Laßt
                                    mich durch!

<small>Morton (hinter der Bühne).</small>

Wir hören wohl, nur glauben wir nicht mehr.

<small>Maria
(an's Fenster eilend).</small>

So habt denn ihr Erbarmen, gute Bürger!
Sie foltern eine Jammernde zu Tod.
Erlöst mich! Auf den Knien will ich flehen ...

<small>Knox (hinter der Bühne).</small>

Du sollst nicht tödten. <small>(Wilde Zustimmung im Volk.)</small> Mag=
dalena, danke Gott, daß du büßen darfst.

<small>Maria
(in den Vordergrund zurückwankend).</small>

Verdammt von Allen — Bei lebendgem Leibe,
Im Blühn der Jugend, eingezwängt in's Grab —

Allein mit jener Furie — bis zum Tod …
Bei dem Gedanken flackert Wahnsinn auf
In meinem Innersten — allein — begraben —
Und Alle fluchen mir — und Keiner wird
Der Allverlassnen nahen.
(Sie verbirgt weinend ihr Gesicht. Nach einer kurzen Pause aufschreiend.)
Du? … Zurück!
Zurück, du blutger Schatten! Schau mich nicht
So vorwurfschmerzlich an! Ich wollte nicht —
Ich wollte dich nicht morden … Höchster Richter,
Der du in's Herz mir blicktest, flehend flücht ich
Fort von dem Schreckbild unter deinen Schutz.
(Sich niederwerfend.)
Laß aufgehn über der Zerschmetterten
Ein väterliches Lächeln des Erbarmens! …
(Pause.)

Elfter Auftritt.

Maria. Lady Locleven (kommt zurück mit) Morton.
Lindsay. Ruthven. (Fackelträger unter der Thüre).

Lady Locleven.
Wir reiten. — Lady! haltet Euch bereit!

Maria
(aufstehend, mit Ruhe).
Fort denn in's Grausen ewger Kerkernacht —
Nehmt hin, was mir noch bleibt an Erdenleben!

Ein Ziel nur kennt mein Hoffen noch, den Tod.
Ihr aber, die ihr, nur von Haß getrieben,
Mich richtet, die ihr mich verzweifeln saht,
Und drob frohlocktet, seht mich wieder stark!
Mein blutend Herz spricht eurer Rachgier Hohn,
(mit einem Blick nach oben)
Denn ein Verklärungstrost aus Himmelshöhen
Gießt über mich die Weihe der Geduld.
(verklärt)
Du weißt es, ewige Gerechtigkeit,
Als Opfer fall ich eines beffern Strebens;
Du weißt, mich trieb nicht Haß, nur Liebe — Liebe,
Und du kannst Unschuld sehn, auch in der Schuld.
(Der Vorhang fällt.)

Variante für den Schluß: 5ter Aufzug, 10ter Auftritt.

.... Bei dem Gedanken flackert Wahnsinn auf
In meinem Innersten — allein — begraben —
Und Alle fluchen mir — und Keiner wird
Der Allverlassnen nahen — Wird denn Keiner
Das Grausge theilen meiner Kerkernacht —
Kein Einziger — o Gott! — nicht Eine Seele?

(Sie verbirgt ihr Gesicht. Kurze Pause. Dorsley's Geist erscheint. In demselben Augenblick fährt sie mit einem Schrei des Entsetzens in die Höhe und bricht wieder zusammen. Der Vorhang fällt.)

www.ingramcontent.com/pod-product-compliance
Lightning Source LLC
Chambersburg PA
CBHW032156160426

43197CB00008B/939